海南省琼中黎族苗族自治县耕地资源评价与利用

陈李叶　张冬明　张永发　◎　主编

化学工业出版社
·北京·

内容简介

本书是对海南省琼中黎族苗族自治县耕地资源调查与质量评价成果的集中反映，全面系统地介绍了海南省琼中黎族苗族自治县耕地资源的历史和现状。在充分应用现代信息技术开展耕地资源调查并应用模糊数学方法进行成果评价的基础上，基于2159个点位的基础调查数据和养分分析结果，对该县耕地质量进行了全方位的分析评价，揭示了该县耕地资源利用目前存在的主要问题，并针对性地提出了耕地质量提升和保护的具体措施和建议。

本书不仅可以作为从事土壤肥料科技工作者查阅琼中黎族苗族自治县耕地资源状况的资料，还可作为各级从事农业生产与管理的人员了解掌握全县各地区耕地质量和改良利用建议的工具书。

图书在版编目（CIP）数据

海南省琼中黎族苗族自治县耕地资源评价与利用 / 陈李叶，张冬明，张永发主编. -- 北京：化学工业出版社，2024.11. -- ISBN 978-7-122-46470-5

Ⅰ. F323.211；F327.664

中国国家版本馆CIP数据核字第2024N2J753号

地图审图号：琼S(2023)082号

责任编辑：孙高洁　刘　军　　文字编辑：李　雪
责任校对：王　静　　　　　　装帧设计：王晓宇

出版发行：化学工业出版社
　　　　　（北京市东城区青年湖南街13号　邮政编码100011）
印　　装：北京建宏印刷有限公司
710mm×1000mm　1/16　印张11　彩插2　字数194千字
2025年1月北京第1版第1次印刷

购书咨询：010-64518888　　　　　售后服务：010-64518899
网　　址：http://www.cip.com.cn
凡购买本书，如有缺损质量问题，本社销售中心负责调换。

定　　价：128.00元　　　　　　　　　版权所有　违者必究

本书编写人员名单

主　　编：陈李叶　张冬明　张永发

副 主 编：王　曙　王汀忠　曾建华　梁　娟

参编人员（按姓名汉语拼音排序）：
　　　　　　陈云娇　扶艳萍　符传良　郭　彬
　　　　　　吉清妹　雷　菲　潘孝忠　谭　皓
　　　　　　王关泽　王利敏　王熊飞　温雅露
　　　　　　吴宇佳　周焕仙

前言

耕地保护乃"国之大者"。民以食为天，粮以地为本，保障国家粮食安全的根本在耕地。耕地资源数量和质量直接影响农业产业结构、耕地产出水平及农产品质量。开展耕地资源质量调查评价，是贯彻落实《耕地质量调查监测与评价办法》（农业部令 2016 年第 2 号）和国家标准《耕地质量等级》（GB/T 33469—2016）的职责所在；是摸清耕地资源质量家底，实施乡村振兴战略和保障粮食安全的重要基础；是推进农业供给侧结构性改革，优化耕地资源配置的重要依据；是推动农业绿色高质量发展，构建新质生产力，建设生态文明的重要保障；是加强耕地质量保护提升，促进耕地资源可持续利用的重要支撑。针对当前我国耕地质量存在的突出问题，从 2002 年起至 2012 年底，农业部组织并完成了第一轮全国性耕地地力调查与评价工作，并于 2014 年底发布了第一次全国耕地质量等级情况的公报。2017 年，国家颁布实施了《耕地质量等级》国家标准，从耕地质量调查方法、评价体系的构建和质量等级分级方案的制定等，推动耕地地力调查与评价跃升为耕地质量调查与评价；2019 年，农业农村部依据《耕地质量调查监测与评价办法》和《耕地质量等级》国家标准，组织完成了全国耕地质量等级调查评价工作，发布了第二次全国耕地质量等级情况的公报。

琼中黎族苗族自治县（简称琼中县）第一轮耕地地力调查与评价工作始于 2010 年 9 月，到 2013 年 3 月结束；本轮耕地质量调查与评价工作始于 2021 年，并于 2023 年 4 月通过项目验收。此次耕地质量调查与评价，基本摸清了琼中县耕地资源调查与质量状况及影响当地农业绿色可持续发展的主要制约因素，构建了琼中县耕地质量评价体系和耕地资源信息管理系统，提出了琼中县耕地资源高效合理配置、耕地质量保护、农业种植规划、作物科学施肥的意见和建议。这些成果为实现实时查询辖区内各个耕地基础管理单元土、水、肥、气、热状况及调节措施提供了查询平台；同时也为政府各级农业决策者制定农业发展规划、调整农业产业结构、加快绿色农业步伐、保证粮食生产安全、促进现代农业建设提供了最基础的第一手资料；更为今后实现耕地质量动态监控管理，加快智慧耕地建设和发展提供了技术支撑。

本书对土壤肥料科技工作者及县、乡（镇）从事农业技术推广与农业生产管理人员均具有很好的参考和实用价值。相信该书的出版将对琼中县耕地资源科学合理配置、农业综合生产能力的提高起到积极的促进作用。

编者

2024 年 7 月

目录

第一章 琼中县自然资源及农业生产概况 … 001
第一节 地理位置与行政区划 … 002
一、地理位置 … 002
二、行政区划 … 002
第二节 自然资源概况 … 002
一、地形地貌 … 002
二、自然资源 … 003
三、气象灾害 … 004
第三节 农业生产概况 … 005
一、种植业 … 005
二、热带经济作物 … 006
三、农产品加工业 … 006
四、农业现代化 … 007
五、生态循环农业 … 007
六、农业科技与教育 … 007

第二章 琼中县土壤成土因素及耕地资源 … 009
第一节 土壤形成自然因素及过程 … 009
一、自然因素 … 009
二、成土过程 … 012
三、土壤类型特征及空间分布 … 015
第二节 耕地资源概况 … 017
一、耕地数量及空间分布 … 017
二、主要耕作土壤的形成 … 020
三、耕地资源的变化 … 022

第三章　琼中县耕地土壤资源概况 ························ 024

第一节　水稻土土类 ························ 024
一、淹育水稻土亚类 ························ 024
二、潴育水稻土亚类 ························ 026
三、渗育水稻土亚类 ························ 028
四、潜育水稻土亚类 ························ 029
五、沼泽水稻土亚类 ························ 030

第二节　砖红壤土类 ························ 031
一、砖红壤亚类 ························ 031
二、黄色砖红壤亚类 ························ 033

第三节　紫色土土类 ························ 034

第四节　红色石灰土土类 ························ 035

第五节　赤红壤土类 ························ 036
一、赤红壤亚类 ························ 036
二、黄色赤红壤亚类 ························ 037

第六节　黄壤土类 ························ 038
一、灰化黄壤亚类 ························ 039
二、黄壤亚类 ························ 040

第七节　南方山地灌丛草甸土土类 ························ 041

第四章　耕地质量调查与评价方法 ························ 042

第一节　准备工作 ························ 043
一、组织准备 ························ 043
二、物质准备 ························ 043
三、资料准备 ························ 044

第二节　室内研究 ························ 045
一、采样点位布设 ························ 045
二、采样方法与工具 ························ 046
三、采样点调查内容 ························ 047
四、土样分析项目和方法 ························ 049

第三节　质量控制 ························ 050
一、外业调查采样质量控制 ························ 050
二、室内分析化验质量控制 ························ 053

第四节 评价原理、流程及指标体系 …………………………………… 057
　　一、评价原理 …………………………………………………………… 058
　　二、评价依据 …………………………………………………………… 058
　　三、评价标准体系的建立 ……………………………………………… 061
　　四、评价方法及流程 …………………………………………………… 064
第五节 耕地资源管理信息系统的建立及应用 …………………………… 069
　　一、耕地资源管理信息系统（CLRMIS）的总体设计 ……………… 070
　　二、资料搜集与整理 …………………………………………………… 070
　　三、属性数据库的设计与录入 ………………………………………… 072
　　四、空间数据库的设计与录入 ………………………………………… 077
　　五、数据的连接 ………………………………………………………… 081
　　六、计算评价单元质量综合指数 ……………………………………… 081
　　七、划分耕地质量等级 ………………………………………………… 082
　　八、耕地质量验证 ……………………………………………………… 082

第五章 琼中县耕地主要土壤养分状况 …………………………… 084

第一节 土壤全氮 …………………………………………………………… 084
　　一、全氮含量及空间差异 ……………………………………………… 084
　　二、全氮含量及影响因素 ……………………………………………… 085
　　三、全氮含量分级与分布情况 ………………………………………… 086
第二节 土壤全磷 …………………………………………………………… 087
　　一、全磷含量及空间差异 ……………………………………………… 087
　　二、全磷含量及影响因素 ……………………………………………… 087
　　三、全磷含量分级与分布情况 ………………………………………… 088
第三节 土壤有效磷 ………………………………………………………… 089
　　一、有效磷含量及空间差异 …………………………………………… 090
　　二、有效磷含量及影响因素 …………………………………………… 090
　　三、有效磷含量分级与分布情况 ……………………………………… 091
第四节 土壤全钾 …………………………………………………………… 092
　　一、全钾含量及空间差异 ……………………………………………… 092
　　二、全钾含量及影响因素 ……………………………………………… 093
　　三、全钾含量分级与分布情况 ………………………………………… 094
第五节 土壤速效钾 ………………………………………………………… 095
　　一、速效钾含量及空间差异 …………………………………………… 095
　　二、速效钾含量及影响因素 …………………………………………… 096

三、速效钾含量分级与分布情况 …………………………………… 097
第六节　土壤交换性钙 ……………………………………………………… 098
　　一、交换性钙含量及空间差异 …………………………………… 098
　　二、交换性钙含量及影响因素 …………………………………… 098
　　三、交换性钙含量分级与分布情况 ……………………………… 099
第七节　土壤交换性镁 ……………………………………………………… 100
　　一、交换性镁含量及空间差异 …………………………………… 100
　　二、交换性镁含量及影响因素 …………………………………… 101
　　三、交换性镁含量分级与分布情况 ……………………………… 102
第八节　土壤有效锌 ………………………………………………………… 103
　　一、有效锌含量及空间差异 ……………………………………… 103
　　二、有效锌含量及影响因素 ……………………………………… 103
　　三、有效锌含量分级与分布情况 ………………………………… 105
第九节　土壤有效硼 ………………………………………………………… 105
　　一、有效硼含量及空间差异 ……………………………………… 105
　　二、有效硼含量及影响因素 ……………………………………… 106
　　三、有效硼含量分级与分布情况 ………………………………… 107
第十节　土壤有效硫 ………………………………………………………… 108
　　一、有效硫含量及空间差异 ……………………………………… 108
　　二、有效硫含量及影响因素 ……………………………………… 108
　　三、有效硫含量分级与分布情况 ………………………………… 109

第六章　琼中县耕地其他土壤质量状况 …………………………… 111

第一节　土壤pH …………………………………………………………… 111
　　一、pH含量及空间差异 …………………………………………… 111
　　二、pH含量及影响因素 …………………………………………… 112
　　三、pH含量分级与分布情况 ……………………………………… 113
第二节　土壤有机质 ………………………………………………………… 114
　　一、有机质含量及空间差异 ……………………………………… 114
　　二、有机质含量及影响因素 ……………………………………… 114
　　三、有机质含量分级与分布情况 ………………………………… 115
第三节　排灌能力 …………………………………………………………… 116
第四节　耕层厚度 …………………………………………………………… 117
　　一、耕层厚度及空间差异 ………………………………………… 117
　　二、耕层厚度及影响因素 ………………………………………… 118

第五节　质地构型 ··· 119
　　一、质地构型及空间差异 ······································ 119
　　二、质地构型及影响因素 ······································ 120

第七章　琼中县耕地质量等级分布及特征 ··············· 122

第一节　耕地质量等级面积与分布 ····························· 122
　　一、全县耕地质量等级概况 ································· 122
　　二、不同耕地利用类型质量等级概况 ···················· 122
　　三、不同乡镇耕地质量等级概况 ··························· 123
　　四、不同土壤类型质量等级概况 ··························· 124
第二节　三级耕地分布与特征 ···································· 125
　　一、面积与分布 ·· 125
　　二、主要属性特征 ·· 126
第三节　四级耕地分布与特征 ···································· 126
　　一、面积与分布 ·· 126
　　二、主要属性特征 ·· 127
第四节　五级耕地分布与特征 ···································· 128
　　一、面积与分布 ·· 128
　　二、主要属性特征 ·· 128
第五节　六级耕地分布与特征 ···································· 129
　　一、面积与分布 ·· 129
　　二、主要属性特征 ·· 130
第六节　七级耕地分布与特征 ···································· 131
　　一、面积与分布 ·· 131
　　二、主要属性特征 ·· 131
第七节　八级耕地分布与特征 ···································· 132
　　一、面积与分布 ·· 132
　　二、主要属性特征 ·· 133
第八节　九级耕地分布与特征 ···································· 133
　　一、面积与分布 ·· 133
　　二、主要属性特征 ·· 134
第九节　十级耕地分布与特征 ···································· 135
　　一、面积与分布 ·· 135
　　二、主要属性特征 ·· 135

第八章　琼中县耕地土壤主要障碍因素与改良措施 …… 137

第一节　耕地土壤贫瘠化 …… 137
　　一、耕地土壤贫瘠化成因 …… 137
　　二、耕地土壤贫瘠化改良措施 …… 138

第二节　耕地土壤酸化 …… 139
　　一、土壤酸化成因 …… 139
　　二、土壤酸化过程的生态效应 …… 140
　　三、土壤酸化改良措施 …… 140

第三节　耕地土壤潜育化 …… 142
　　一、土壤潜育化的特征 …… 142
　　二、土壤潜育化的影响因素 …… 143
　　三、土壤潜育化治理措施 …… 143

第九章　耕地地力调查与质量评价的应用及建议 …… 144

第一节　种植业结构调整 …… 144
　　一、发展农业循环经济 …… 144
　　二、走循环型农业道路 …… 144
　　三、种植业存在的问题 …… 145
　　四、种植业的发展方向和目标 …… 145
　　五、种植业结构调整的原则 …… 147
　　六、种植业结构调整的对策及建议 …… 148

第二节　耕地土壤养分评价与平衡施肥 …… 149
　　一、概况 …… 149
　　二、评价方法 …… 150
　　三、分析结果和质量评价 …… 150
　　四、目前施肥中存在的主要问题 …… 157
　　五、对策建议 …… 157

第三节　耕地资源利用的对策与建议 …… 158
　　一、耕地资源利用现状 …… 158
　　二、耕地改良利用中存在的问题 …… 160
　　三、耕地改良利用建议 …… 161

参考文献 …… 163

第一章
琼中县自然资源及农业生产概况

琼中设县，始于1948年，由中共琼崖特委设置，其时隶属中共琼崖东区地委管辖，治所设于平南。1949年3月并入琼崖少数民族自治区行政委员会。1952年划邻县部分黎境，恢复琼中县建制，成为毗邻四周九市县，位居五指山腹地、琼岛中部的县，"琼中"县由此得名。1952年7月后，琼中县归属海南黎族苗族自治区（后改为自治州）人民政府管辖。1988年4月海南省成立，撤销海南黎族苗族自治州的建制，琼中县属海南省直辖，县委、县政府驻地设于营根镇。

琼中素有"绿色宝库"之美称，有五指山、黎母山、吊罗山、鹦哥岭等国家级、省级林区、保护区。海榆中线横贯全境，公路网呈辐射状向四周展开，是海南岛公路南北、东西走向的交通枢纽，每日均有班车通达全岛各地。山区生态旅游资源丰富，全县森林覆盖率位居全省之首。境内山清水秀，风光旖旎，自然景点与古迹相互辉映。山区气候宜人，开发山区旅游潜力巨大。目前已列为省重点旅游景点的有五指山、黎母山和百花岭。其中，百花岭瀑布位于县城6km处的百花岭上，落差300多米，由上分三级直泻而下，堪称海南第一瀑布。

琼中县有丰富的森林、水、矿产资源，其中林地面积23.30万公顷，拥有花桐木、鸭脚木、凤凰树等多种珍稀树种；大小河溪241条，地下水富含偏硅酸、锶、锌等矿物质和微量元素，是天然的优质矿泉水资源；南药资源丰富，盛产灵芝、槟榔、益智、沉香等特色南药，已探明可入药的野生植物有两千多种，是著名的"南药之乡"；土壤优质，富硒、富碘，符合A级绿色食品产地要求。全县农产业特色突出，以橡胶、槟榔等大宗农作物为基础，以绿橙、咖啡、大叶茶、蜂蜜、沉香、油茶、花卉、琼中五脚猪等产业为发力点，正全力建设全省最大的油茶基地。截至2023年年初，全县农产品"三品一标"认证数为8个，其中获得无公害认证的农产品3个，全部属于柑橘类，分别是琼中绿宝果业有限公司生产的琼中绿橙、琼中脐橙和海垦乌石农场"乌石红"绿橙品牌。通过绿色食品认证的农产品3个，其中2个属于茶类，分别是海垦乌石农场岭头茶厂生产的白马岭红茶和白马岭绿茶；1个属于柑橘类，为海南七州洋新型生物制品有限公司生产的七州洋牌绿橙。获得农产品地理标志的1个，即琼中绿橙；获得农产品地理商标2个，分别是由县农业技术研究推广服务中心组织申报的"琼中绿橙"和由县蜂业协会组织申报的"琼中蜂蜜"。琼中县正以蓄势待发的姿态全面推进自贸港现代特色农业高质量发展。

第一节　地理位置与行政区划

一、地理位置

琼中县位于海南岛的中部，五指山北麓，地处东经 $109°31'37''\sim110°09'08''$，北纬 $18°43'45''\sim19°25'20''$。境内东西宽 66.7km，南北长 76.75km，总面积 2704.16km^2，占海南岛总面积的 8.36%。东与琼海市相邻，东南和万宁市接壤，南与陵水县、保亭县毗邻，西南与五指山相连，西同白沙县相接，西北与儋州市交界，北以南渡江为界与澄迈县隔江相望，东北与屯昌县接壤。县人民政府驻地为营根镇。北距省会海口 137km，南至三亚 165km，东达万城 90km，西抵那大 84km。

二、行政区划

琼中县设有营根镇、湾岭镇、黎母山镇、中平镇、和平镇、长征镇、红毛镇、什运乡、上安乡、吊罗山乡等 10 个乡镇，管辖加钗农场、新市农场。境内还有阳江、乌石、长征共 3 个海南农垦农场有限公司和海南天然橡胶产业集团股份有限公司阳江分公司、乌石分公司、加钗分公司、长征分公司共 4 个分公司。

第二节　自然资源概况

一、地形地貌

琼中县地貌呈穹隆山地状，地势自西南向东北倾斜，最高点为西南部的五指山峰，海拔1867.1m，最低点为白马岭林场旧址，海拔仅25m。境内地形复杂，层峦叠嶂，群峰峻峭，连绵不断。海拔千米以上的山峰大部分蜿蜒于南部和西部边界之上。中部多为低山高丘，北部为丘陵、台地，河流阶地穿插于崇山谷地之间，西部的什运河沿岸和东部的长兴河中段为冲积平原。琼中县在其地质历史进程中，曾经受过各种地质作用和多次强烈的构造变动，构成了现存的错综复杂的地质地貌迹象。岩浆岩占据全县面积的60%以上，其次为沉积质岩。

琼中县的山地按地貌类型分为中山（海拔800m以上）和低山（海拔500～800m）两类，山体呈西南向东北展布，五指山、黎母岭、踏器岭三足鼎立，按其绵亘走向构成三支山脉。丘陵面积约659.1km^2，占全县总面积24%，其中高丘（海拔250～500m）484km^2，占73.4%，低丘（海拔100～250m）175.1km^2，占26.6%。台地主要分布于该县北部的松涛、黎母山、湾岭等乡镇，其次是中平镇和乌石镇。状似隆起的高平原，地表和缓，称为丘陵夷平面，海拔高50～65m。河流阶地主要分布于东南部的中平镇、和平镇和北部的黎母山镇，状如梯级，其结构为下层砾石、上层泥沙。倾斜冲积平原主要分布于什运河沿岸和长兴河中段，坡面很长。

二、自然资源

1. 水资源方面

琼中县水源丰富，境内大小河流241条，年均产水量41.5亿立方米。水能蕴藏量为10.83万瓦，是海南省三大河流——南渡江（干流在白沙县境内，支流在琼中县境内）、万泉河、昌化江的发源地。支流密如蛛网，呈放射状向四周奔流，河网密度系数1.32km^2。支流有乘坡河、大边河、什运河、腰子河。

（1）地下水 琼中县的地下水属基岩裂隙水类，降雨渗入系数为0.0487。用大气降雨渗入法估算，年天然资源量约为2.94亿立方米，水位埋深平均为400m。浅地下水平均补给量达11.85亿立方米。由于山地、丘陵面积大，河床陡峻，切割幽深，地下水水面基本上随着地势起伏变化，除裂隙储存部分外，大部分向低处移动，排泄补给河川径流，年可开采量只有6116万立方米。东部和中部地区，地下水比较丰富，水位埋深5～10m，流量每日8～20m^3，矿化度0.1g/L。北部的松涛和西南部的红毛、什运等地，地下水位埋藏较深，不易开采，旱年水井干涸，饮水极为困难。

（2）地表水 琼中县总集雨面积2693.1km^2，按年平均降水量60.49亿立方米，除蒸发、渗透、植物吸收外，年平均径流量39.29亿立方米，丰水年产水量

58.47 亿立方米，枯水年 24.43 亿立方米（其中浅层地下水 6.1 亿立方米）。

2. 矿产资源方面

琼中县已知的矿产有 10 种。其中，金属矿产有银、铅、锌矿 3 种；非金属矿产有萤石、水泥用大理岩、饰面石材、建筑用石料、砖瓦用页岩、建筑用陆砂 6 种；水气矿产有矿泉水等。全县 55 处矿产地中，中型矿床 3 处，小型矿床 35 处，矿点 17 处。金属矿分布零散，且以矿点矿床为主；非金属矿中建筑用花岗岩资源丰富。

3. 动植物资源方面

琼中县动植物资源十分丰富，种类繁多。稀有珍贵野生动物主要有黑熊、长臂猿、猕猴、金钱豹、金钱龟、山鹿、孔雀雉、穿山甲、蟒蛇、毛鸡、原鸡、鹦鹉等，鸟类有 300 多种，两栖动物有 37 种，主要是青蛙、蟾蜍等；木材种类较多，仅乔木树种就达 700 多种，属二类及以上的树种和野生油料植物有 70 多种，花卉作物有 509 种，主要有木棉、蒲葵（扇叶葵）、棕榈等。

4. 森林资源方面

目前，全县现有森林面积约 307 万亩（1 亩 $\approx 667 m^2$），其中天然林 195 万亩，人工林 112 万亩（其中马占相思、松树、桉树等 42 万亩，经济林橡胶、水果、槟榔等 70 万亩）。适宜种植业的赤红壤土类及砖红壤土类面积达 290 多万亩，目前已人工造林、种果、种槟榔等南药种植面积达 100 多万亩。域内植物种类众多，分布有海南岛最典型、最齐全的热带山地森林，具有常绿、复层、混交、异龄、多树种组成等特点。全县植被属热带雨林、季雨林，林型多样，以热带常绿阔叶林为主，并具有明显的垂直分布带谱：1000～1300m 为山地常绿阔叶林带，750～1000m 为山地雨林或沟谷雨林带，500～750m 为常绿季雨林带，500m 以下为落叶季雨林和灌丛以及人工植被。主要珍贵植物有：红花天料木（母生）、苦梓、八角、胭脂、菠萝蜜、海南木莲（绿楠）、油丹、花榈木（花梨）、紫丹、坡垒、红壳松、陆均松、竹叶松、青梅、胆木、沉香、砂仁、白藤、益智等。

三、气象灾害

琼中县灾异性天气主要有大风、暴雨、干旱、冷害和冰雹等。1948 年前，该县自然灾害无史料可稽，1949～1990 年间，自然灾害频多，水、旱、风、冷害尤为常遇。境内小溪纵横，源短流急，集雨时间短，暴雨时常给农田带来灾害。

1. 大风

琼中县大风（风力≥8 级）多由台风影响造成，个别为雷暴大风。大部分发生于 8～10 月。大风常伴暴雨，破坏性很大。1960～1990 年，影响本县的 8 级以上台风有 31 次。其中 15 次破坏性较为严重，毁房伤物，刮倒橡胶树 233.67 万株，占橡胶树总数的 63.8%。历次台风，东部、北部及东北部受害较严重，中部和东南部次之。

2. 暴雨

琼中县暴雨多发生于 9～11 月。各地平均年暴雨天数：北部 2.88～4.21 天，中部 4.76 天，东部 6.41 天，东南部 5.24 天，南部 3.99～5.20 天，西部 3.75 天，西南部 2.33～3.25 天。极大日雨量 626mm（1977 年 7 月 20 日）。1955～1985 年，发生雨涝水灾 33 次。

3. 干旱

琼中县干旱多出现于 12 月～翌年 4 月。各地平均年干旱月指数为：西部 2.51，西南部 3.24，北部、东部和东南部 1.12～1.34，中部和南部 1.04～1.05。1960～1980 年，年总旱日达年度干旱标准的有 1968 年、1969 年、1973 年、1977 年、1979 年、1980 年。旱月出现机会最多的是西部地区。遇上秋、冬、春连旱，田地无水插秧，导致农作物枯死。

4. 冷害

琼中县低温霜冻多出现于 1 月、2 月和 12 月。其概率分别为 1 月 70%，2 月 5%，12 月 25% 以下。1955～1985 年出现霜冻 14 次，北部、东北部和西部受害较严重。低温阴雨多出现于 12 月～翌年 2 月。尤以 2 月上旬概率最大，达 35%。低温阴雨常造成烂秧。

5. 冰雹

琼中县冰雹多出现于 3～5 月，西北部的阳江农场 2～4 年一次，大的如鹅蛋，小的如手指头般大小。

第三节 农业生产概况

一、种植业

1. 主要作物面积及产量

全县粮食作物播种面积约 0.5153 万公顷，总产量 2.91 万吨；大豆播种面积约 140.4hm^2，总产量 298t；油料作物（花生）播种面积约 0.13 万公顷，产量

0.30万吨；蔬菜收获面积0.38万公顷，产量3.32万吨；园林水果收获面积2115万公顷，产量3.56万吨；柑橘橙柚收获面积0.08万公顷，产量1.72万吨；香蕉收获面积0.05万公顷，产量0.91万吨；橡胶种植总面积83.8万亩，开割面积53.4万公顷，产量5.29万吨；南药槟榔种植面积26.5万公顷（含农垦），挂果面积16.0万公顷，鲜果总产量5.92万吨；益智种植面积为0.47万公顷，总产量为0.24万吨。

2. 农业产业结构

琼中县农业结构特色鲜明，种植业方面围绕热带特色高效农业，聚焦在种桑养蚕、热带橡胶、槟榔等方面持续发力，形成了较好的规模；畜禽产业重点发展生猪、山羊和肉鸡。其中，橡胶产业：全县橡胶种植面积83.8万亩，开割面积53.4万亩，产量约5.29万吨，产值约4.76亿元。槟榔产业：现有槟榔种植面积26.5万亩，挂果收获面积16.0万亩，鲜果总产量5.92万吨，产值20.1亿元。桑蚕产业：全县桑园面积2.3万亩，养蚕农户3000多户，收获约1000t蚕茧，年综合效益5000万元，涉及养蚕农户3000多户。绿橙产业：全县绿橙种植果园330余个，面积约3.2万亩，年产量约8500t，产值约1.6亿元，此外，县内有绿橙加工厂4家，加工量每天可达250t。益智产业：全县1.28万户农民现有益智6.9万亩，其中收获面积5万亩，干果总产量1250t，产值逐年增加。

二、热带经济作物

琼中县热带经济作物发展势头良好，2021年，主要热带经济作物中，橡胶产量5.29万吨，同比增长0.9%；槟榔产量5.92万吨，同比增长2.8%；中药材益智产量2274t，同比增长1.9%。热带水果中，香蕉产量8715t，同比增长1.3%；莲雾产量159t，同比增长23.3%；绿橙产量13706t，同比增长14.5%；菠萝蜜产量1642t，同比增长322.1%；百香果产量840t，同比增长1245.0%。

三、农产品加工业

2021年，琼中县成功打造琼中绿橙、琼中蜂蜜等系列优质农产品品牌，琼中绿橙获得海南省十佳公共区域品牌称号。全县获得农业农村部"三品一标"认证的有16家单位，其中，无公害农产品认证的有10个、绿色食品认证的有3个、有机食品认证的有1个、农产品地理标志保护的产品有1个，获得农业农村部认证的农产品地理标志保护1个。

四、农业现代化

2021年,为加强涉农信息资源整合,琼中县建设支撑"三农"发展数据库,加快推动数据物联网在农业生产经营管理和农村服务中的运用,琼中县数字乡村系统搭建"县-乡/镇-村-组/社-户-人"的六级管理模式,实现村干部、农户双体系建设,自上而下纵向贯通。该系统农户信息采集模块共有13大项信息、45小项信息。通过对农户家庭及人员标签化管理,实现对农户分类管理和跟踪,并根据农户扩展信息配置和数据采集,建立完善的"三农"信息数据库,推动乡村治理现代化。同时,琼中县实施橡胶、槟榔等大宗农产品单产效益提升计划和特色产业"百村百社、千人万户"创业致富计划,建设绿橙、桑蚕、山鸡、小黄牛、蜂蜜等良种基地和绿色品牌,推动电子商务进入农村,入选"全国电商进农村示范县",获评"2021年全国县域农业农村信息化发展先进县"。

五、生态循环农业

2021年,琼中县引进企业开展秸秆综合利用,通过将桑枝与秸秆结合,用于生产食用菌,打造"桑-菇"生态循环农业生产模式,将秸秆综合利用与粪污资源化利用相结合,实现生态循环农业。期间化学农药使用量324t、化肥施用量18900t,化学农药和化肥减量率较2020年减少5%以上,畜禽粪污资源化利用率达85.49%。采取的主要措施如下:一是在槟榔上大力推广遮阳网覆盖护根技术,减少除草剂使用量。二是大力推广生物农药替代化学农药。全年共采购6.52t"霖田甘露"生物农药发放给农户,应用绿橙面积1.5万亩,有效减少了化学农药使用。三是大力推广农作物秸秆综合利用,促进有机肥替代化肥。四是做好土壤耕地地力提升,促进化肥减量增效工作,开展水稻肥效田间试验示范点15个、槟榔示范点1个、其他作物水肥一体化田间试验示范点5个。五是开展2021年主要农作物酸性土壤改良工作,全县完成酸性土壤改良面积1600亩,涉及农户312户,发放酸性土壤调理剂216.56t。

六、农业科技与教育

1. 技术培训

全年举办水稻、槟榔、橡胶等作物种植和测土配方及病虫害防治实用技术培训班 30 期，培训人次 3500 人次，发放栽培、管理技术等资料 5000 份；深入田间地头实地技术指导 40 次；举办种桑养蚕技术培训 18 期 580 人次，组织养蜂培训班 13 期累计培训 458 人次（其中县级培训 1 期 63 人，下乡镇培训 12 期 395 人，实地培训 13 期 458 人），接受上门、电话等方式的农业技术咨询 50 余次。

2. 农业新技术、新品种推广

早稻主推：常规品种，杂交稻种 2 个，分别是'特优 175''赣优 157'；常规稻品种 4 个，分别是'天目 19''玉香粘''广黑糯''红米 422'，推广面积 100 亩。农业新技术：大力推广农业实用新技术，搞好机械栽插示范，推进农业产业喷滴灌设施建设，搞好"早籼-晚粳"栽培技术试验推广。大力推广测土配方施肥新技术，在长征镇实施土壤改良、有机肥增施等田间试验示范，示范面积 100 余亩。大力推广应用种桑养蚕技术，积极推行农作物绿色防控技术，积极推广黄板诱杀蚜虫、全自动太阳能及频振式杀虫灯诱杀害虫、性诱剂等绿色防控技术，实施绿色防控 5 万亩。其中推广黄板诱杀蚜虫 6000 亩；应用性诱剂防治水稻二化螟、稻纵卷叶螟 0.6 万亩；灯光诱杀水稻螟虫；推广使用太阳能杀虫灯，在蔬菜、茶叶上开展绿色防控。

第二章
琼中县土壤成土因素及耕地资源

第一节 土壤形成自然因素及过程

土壤是多种自然因素和人为因素共同作用下形成的高度时空变异的自然体，是各种环境因素综合作用的结果。成土母质在一定的气候条件和生物条件作用下，经过一系列的物质交换与能量的转化，逐步产生了土壤肥力，形成了土壤。热带土壤是在热带高温湿热的气候环境下，由地形地貌、成土母质、人类活动等多种成土因素共同作用的结果。

一、自然因素

1. 气候

气候是土壤形成的重要影响因素，直接影响土壤的水、热状况。水分和热量不仅直接参与母质的风化过程和物质的地质淋溶等地球化学过程，更重要的是它们在很大程度上，控制着植物和微生物的生命活动，影响着土壤有机质的积累和分解，决定着营养物质的生物学小循环的速度和范围。所有其他条件相同的情况下，温度增加伴之而来的是土壤风化速度的加快。风化速度也与降水量有关，因为水分的存在加快物质的淋溶。总之，高温高湿的气候条件促进岩石和矿物的风化。过度湿润有利于有机质的积累，而在干旱和高温环境下，好气微生物比较活跃，有机质易于矿化，不利于有机质积累。琼中县属高度湿热地区，硅酸盐类矿物被强烈分解，硅和钾、钠等盐基遭到显著淋失，土壤中多形成高岭石类次生矿物，并含较多的铁铝氧化物，形成了海南的地带性土壤——砖红壤，次生黏土矿物以高岭石、三水铝矿及赤铁矿为主。

琼中县境内域位于热带海洋季风区北缘,雨水充沛,气候温和,四周群山环抱,有独特的山区气候特点。年平均气温22℃,1月份平均气温16℃。绝对最低气温为-6℃;7月份平均气温26℃,绝对最高温度38℃。年平均日照时间1600～2000h,太阳总辐射为4579MJ/m²。年平均相对湿度为80%～85%。年平均降水量为2200～2444mm,最大年降水量为1964年的5525mm,最小年降水量为1969年的1018mm,日最大降水量为1977年7月20日的626mm。年平均蒸发量为1824.1mm。全年静风频率55%,为全岛之最,全年以东南风向为最多,年平均风速为1.2m/s。由于地形复杂,县内各地气候均有所差异。东南部为丘陵区,易受东南季风的影响,雨量多,年均降雨量在2700～3300mm,干湿季明显,气温也较高。西南部的五指山市,山高林密,具有冬季寒冷、夏天酷热的特点,有时会出现霜冻现象,气温比营根低2℃左右,冬薯不能过冬,椰子只开花不结果,芭蕉生长不良,其特点表现为东南亚热带气候。北部由于东南季风受山丘拦截,逐渐减弱,呈半湿润特点,旱季较长,受旱面积较大。西部由于黎母岭、鹦哥岭和五指山山脉为屏障,气温较高,比营根地区高1℃,但雨量偏少,年降雨量仅有1650mm。

2. 地形地貌

琼中县地形地貌复杂多样,呈穹窿山地状,主要为山地,少部分为矮山丘陵和峡谷谷底。地势自西南向东北倾斜,境内重峦叠嶂,群峰峻峭,连绵不断。境内海拔千米以上的山峰有144座(其中五指山1867.1m,鹦哥岭1811.6m),大部分蜿蜒于南部和西部边界上,如南部的五指山、三角山、吊罗山;西部的鹦哥岭、马域岭;东部的南茂岭、白马岭;北部的加器岭、铁耳岭。中部多为低山高丘,北部丘陵、台地、河流阶地穿插于丛山谷地之间,冲积平原在西部的什运河沿岸和东部的长兴河中段。

地形地貌因素对自然条件的多样性和地域分异有决定性的影响,主要表现在两个方面:一是为反映热带景观最典型的铁铝土形成创造了条件,年平均降雨量大部分在2200mm以上,大部分为常湿润土壤水分状况,高温和高湿相结合,极有利于生物物质循环和风化成土作用的进行,在海拔400m以上形成了富铁土、淋溶土和雏形土等;在海拔800m以上的中山区,气候凉湿,森林郁闭度高,形成了常湿润淋溶土和雏形土。二是不同海拔高度的山体及其上下部位的气候分异特性为植物群落和土壤类型呈带状更替提供了条件,由于受区域土壤水热状况及山体高度差异的制约,不同山体土壤垂直结构也有差异。

3. 成土母质

成土母质是土壤形成的物质基础,不仅土壤的矿物质起源于母质,土壤有机质中的矿质养分也主要来源于母质。母质是土壤发生演化的起点。在物质生物小循环的推动下，母质的表层逐渐产生肥力，从而转变成为土壤。母质既是成土过程中被改造的原料，又深刻影响成土过程。土壤往往继承了母质的某些性质，幼年土壤的继承性尤为明显。一般来说，土壤发育时间愈短，土壤性状受成土母质的影响愈为明显，随着风化成土过程进行愈久，土壤性质与原有母质性质的差异就愈大，但母质的某些性质仍残留于土壤性状之中，也对土壤的农业利用与管理带来影响。

(1) 主要成土母质类型及分布状况　琼中县土壤成土母质种类较少，有花岗岩、砂页岩、紫色砂页岩等的风化物以及冲坡积物；但母岩以花岗岩为主，花岗岩占总面积的 88.3%，其次是紫色砂页岩占 6%，砂页岩占 3.2%，安山岩占 1.8%，石灰岩占 0.7%。

(2) 不同母岩对土壤形成的影响　安山岩等暗色铁镁基性岩风化的母质，含石英颗粒较少，黏粒含量高，富铁、镁等基性矿物，颜色较暗，质地较均一，盐基含量高，矿质养分较丰富。花岗岩、流纹岩等浅色硅质结晶岩风化的母质，其含石英颗粒较多，黏粒含量也高，但颗粒大小不均匀，含铁、镁等基性矿物较少，富钾而贫磷素。石英岩、云母片岩等变质岩风化的母质，由于岩性的差异，其颗粒组成及质地不均匀，如石英岩风化物含石英颗粒多，质地轻，透水性良好，矿质养分少，而如为云母片岩，则相反。此外，由紫色砂页岩、石灰岩风化的母质，质地均较黏重，透水性较弱，土壤通常残留其岩性特征，因而土壤发育较为年幼。

(3) 不同年代母质对土壤形成的影响　琼中县具有自更新世早期（Q_1）、中期（Q_2）、晚期（Q_3）及全新世（Q_4），其上所发育的土壤具湿润土壤水分状况和高热性土壤温度状况，但由于成土因素作用程度不同，土壤景观单元及土壤性质存在很大差异：①对土壤颜色的影响。Q_1 期玄武岩风化母质上发育的土壤色调呈暗红色（在湿润偏向常湿润水分状况的土壤偏黄），Q_2 期的由暗向红棕向棕色变化，Q_3 期的偏棕色，Q_4 期的土壤色调偏黑，随着风化成土时间的加长，pH 值降低而黏粒含量增高。而随着风化成土时间的加长，pH 降低而黏粒含量增高。②对土壤中游离铁含量的影响。随着成土时间加长，铁游离度增高，在 $Q_1 \sim Q_3$ 期玄武岩风化母质上发育土壤的游离铁含量均高于 100g/kg，K_2O 含量相对较低，黏土矿物由高岭石、三水铝石、赤铁矿组成，而 Q_4 期的土壤游离铁含量较低，K_2O 含量较高。③对土壤阳离子交换量的影响。随着成土时间加长，土壤黏粒阳离子交换量（CEC_7）、黏粒有效阳离子交换量（ECEC）明显减小。Q_1 期玄武岩风化母质上发育的土壤黏粒 CEC_7 和黏粒 ECEC 分别小于 16cmol(+)/kg 和 12cmol(+)/kg，而 Q_2、Q_3 和 Q_4 期的土壤较高（表2-1）。

表 2-1　年度划分时间表

年代	成土年龄/($\times 10^4$ a B.P.)	年代	成土年龄/($\times 10^4$ a B.P.)
Q_1	133 ± 18	Q_3	9.0 ± 2.0
Q_2	14.6 ± 0.9	Q_4	1.3 ± 0.93

注：表中，a B.P 代表"距今多少年"。

（4）人类活动　人类活动对土壤的影响具有两重性，利用合理可以产生正效应（土壤熟化），利用不合理则会产生负效应（土壤退化）。人为经营会影响土壤向不同的方向发展。在合理的种植制度下，如施用较多的有机肥料及采用秸秆还田，并在适当的水分管理和相应的水土保持等措施的作用下，土壤越种越肥；反之，广种薄收，不施或少施肥料，水土流失，则土壤向相反的方向发展。1949年以来，在党和政府的领导下，琼中县兴修水利、推广绿肥、推动农田基本建设、改造低产田等一系列措施，极大地改善了土壤条件。

（5）成土时间　时间是一个重要的成土因素。虽然时间因素对土壤的形成没有直接的影响，但时间因素可体现土壤的不断发展。它可阐明土壤在历史进程中发生、发育、演变的动态过程，也是研究土壤特性、发生分类的重要基础。正像一切历史自然体一样，土壤也有一定的年龄。土壤年龄是指土壤发生发育时间的长短。瓦西里·罗伯托维奇·威廉斯提出了土壤的绝对年龄和相对年龄的概念。土壤绝对年龄是指从该土壤的新鲜风化层或新母质上开始发育的时候算起，迄今所经历的时间，通常用年作单位。从这一观点出发，发育于低纬度地区的热带土壤较高纬度地区的土壤古老，因为该地区的土壤没有受到冰川影响，没有古土壤受到破坏而新生土壤形成的过程，土壤年龄为数十万年或者百万年。相对年龄是指个体土壤的发育阶段或土壤的发育程度。在一定区域内，土壤剖面发育和土层分异越明显，相对年龄越大。无论是绝对年龄，还是相对年龄，都可以表示成土过程的速度以及土壤发育阶段的更替速度。对于两个相对年龄相同或发育程度相同的土壤来说，绝对年龄大的土壤较绝对年龄小的土壤发育速度慢；而对于两个绝对年龄相同的土壤来说，相对年龄小的土壤发育速度较相对年龄大的土壤发育速度慢。相对年龄可以通过土壤发育程度即剖面土层分异程度来判断。绝对年龄则需用地学测年的方法确定，如地层对比法、古地磁断代法、热释光法、同位素法等。

二、成土过程

1. 原始成土过程

在自然条件下，土壤从未分化的岩石状态逐渐转变为具有层次结构和特定性质的土壤的过程,是土壤形成的初级阶段。即自然界中,裸露的岩石经太阳辐射、大气、水和生物的作用,整块的石头开始变成碎块风化物,随着时间的推移在岩石或风化物表面慢慢着生低等植物,如地衣、苔藓及细菌、真菌等微生物,在低等植物和微生物的作用下,开始积累有机质,并为高等植物的生长发育创造了条件。这是土壤发育的最初阶段,即原始土壤的形成,其特点是土层浅薄,腐殖质积累少,无明显的腐殖质层。

2. 有机质积累过程

有机质积累过程是指在木本或草本植被下有机质在土体上部积累的过程。在海南岛高温多雨、湿热同季的热带、亚热带气候条件下,一方面,岩石、母质强烈地进行着盐基和硅酸盐淋失和铁铝富集的过程,母质的不断风化使养分元素不断释放为各种植物生长提供了丰富的物质基础,促进了各类植物的迅速生长。在植物强烈光合作用下合成大量有机物质,每年形成大量的凋落物参与土壤生物循环,促进了土壤中有机质的积累。另一方面,林下地表凋落物中微生物和土壤动物丰富,特别是对植物残体起着分解任务的土壤微生物数量巨大且种类多样,其加速了凋落物的矿化、灰分富集和植物吸收。通常在自然植被茂盛区域,土壤有机质含量是比较高的。但随着农业开垦利用,土壤有机质发生很大变化,如合理耕作和施肥,可促进土壤有机质的形成,肥力的提高;否则,土壤有机质迅速分解,土壤肥力逐渐降低。

3. 黏化过程

黏化过程是指原生硅铝酸盐不断变质而形成次生硅铝酸盐,由此产生的黏粒积聚的过程。黏化过程可进一步分为残积黏化、淀积黏化和残积-淀积黏化三种。

(1) 残积黏化 指就地黏化,为土壤形成中的普遍现象之一。残积黏化主要特点是:土壤颗粒只表现为由粗变细,不涉及黏土物质的移动或淋失;化学组成中除 CaO、Na_2O 稍有移动外,其他活动性小的元素皆有不同程度积累;黏化层无光性定向黏粒出现。

(2) 淀积黏化 是指新形成的黏粒发生淋溶和淀积。这种作用均发生在碳酸盐从土层上部淋失,土壤中呈中性或微酸性反应,新形成的黏粒失去了与钙相固结的能力,发生淋溶并在下层淀积,形成黏化层。土体化学组成沿剖面不一致,淀积层中铁铝氧化物显著增加,但胶体组成无明显变化,黏土矿物尚未遭分解或破坏,仍处于开始脱钾阶段。淀积黏化层出现明显的光性定向黏粒,淀积黏化仅限于黏粒的机械移动。

(3) 残积-淀积黏化 系残积和淀积黏化的综合表现形式。在实际工作中很难将上述三种黏化过程截然分开,常是几种黏化作用相伴在一起。海南省琼中县土壤的黏化过程主要属于残积黏化。

4. 脱硅富铝化过程

脱硅富铝化过程是指在热带、亚热带地区，水热丰沛、化学风化深刻、生物循环活跃土壤物质由于矿物的风化，形成弱碱性条件，随着可溶性盐、碱金属和碱土金属盐基及硅酸的大量流失，而造成铁铝在土体内相对富集的过程。在高温多雨、湿热同季的气候条件下，海南的岩石矿物风化和盐基离子淋溶强烈，原生矿物强烈风化，基性岩类矿物和硅酸盐物质彻底分解，形成了以高岭石和游离铁氧化物为主等次生黏土矿物，盐基和硅酸盐物质被溶解而遭受强烈淋失，而铁铝氧化物相对富集。在强烈淋溶作用下，表土层因盐基淋失而呈酸性时，少量铁铝氧化物受到溶解而发生垂直迁移，由于表土层下部盐基含量相对高而使酸度有所降低，使下淋的铁铝氢氧化物达到一定深度而发生凝聚沉淀；在炎热干燥条件下水化氧化物失去水分成为难溶性的 Fe_2O_3 和 Al_2O_3；在长期反复干湿季节交替作用下，使土体上层铁铝氧化物愈积愈多，以致形成铁锰结核或铁磐。

5. 氧化还原过程

氧化还原过程是海南岛平缓地区潮湿雏形土和水耕人为土的重要成土过程。潮湿雏形土发生的氧化还原过程主要与地下水的升降有关，水耕人为土中发生的氧化还原过程主要与种植水稻季节性人为灌溉有关。两者均致使土体干湿交替，引起铁锰化合物氧化态与还原态的变化，产生局部的铁锰氧化物移动或淀积，从而形成一个具有铁锰斑纹、结核或胶膜的土层。

6. 潜育化过程和脱潜化过程

土壤长期渍水，受到有机质嫌气分解，而使铁锰强烈还原，形成灰蓝-青灰色土体的过程，是潜育土纲主要成土过程。当土壤处于常年淹水时，土壤中水、气比例失调，几乎完全处于闭气状态，土壤氧化还原电位低，氧化还原电位（Eh）一般都在 250mV 以下，因而发生潜育化过程，形成具有潜育特征的土层。土层中氧化还原电位低，还原性物质富集，铁、锰以离子或络合物状态淋失，产生还原淋溶。潜育化过程主要出现在海南岛的河流阶地、海积平原等地势较低的区域，这些区域地下水位高，土体长期滞水，容易发生还原过程。脱潜育化过程是指渍水或水分饱和的土壤在采取排水措施条件下，土壤含水量降低、氧化还原电位增加的过程。在低洼渍水区域，通过开沟排水，地下水位降低，使渍水土壤发生脱沼泽脱潜育化，土壤氧化还原电位明显提高。历史上，五指山中部、北部的丘陵坡脚地带曾经地下水位较高，土壤潜育化明显，后经开沟排水并在人为耕种下，地下水位下降，土壤层化逐渐明显，形成犁底层和水耕氧化还原层，水耕表层和水耕氧化还原层逐渐出现锈纹锈斑，土壤剖面构型从原来的 Ag-Bg、A-Bg 型，逐渐变化为 Ap1-Ap2-Br-Bg 型。

三、土壤类型特征及空间分布

1. 土壤类型特征

（1）腐殖质特性　热带、亚热带地区土壤或黏质开裂土壤中除 A 层或 A＋AB 层有腐殖质的生物积累外，B 层并有腐殖质的淋淀积累或重力积累的特性，其具有以下全部条件：A 层腐殖质含量较高，向下逐渐减少；B 层结构体表面、孔隙壁有腐殖质淀积胶膜，或裂隙壁填充有自 A 层落下的含腐殖质土体或土膜，土表至 100cm 深度范围内土壤有机碳总储量$\geq$12kg/m^2。该类诊断特性可出现在琼中县局部的林地土壤和火山灰母质分布区。

（2）岩性特征　土表至 125cm 范围内土壤性状明显或较明显保留母岩或母质的岩石学性质特征，包括砂质沉积物岩性特征、碳酸盐岩岩性特征等。在琼中县西北部分布有紫色砂页岩母质发育的旱地土壤具有紫色砂页岩岩性特征。

（3）石质接触面与准石质接触面　石质接触面是指土壤与紧实黏结的下垫物质（岩石）之间的界面层，不能用铁铲挖开，下垫物质为整块状者，其莫氏硬度 $>$3；为碎裂块体者，在水中或六偏磷酸钠溶液中振荡 15h 不分散。准石质接触面是指土壤与连续黏结的下垫物质之间的界面层，湿时用铁铲勉强挖开，下垫物质为整块状者，其莫氏硬度 $<$3；为碎裂块体者，在水中或六偏磷酸钠溶液中振荡 15h，可或多或少分散。在低山丘陵地带部分地区、琼中县红毛镇以及北部火山锥地带的高龙系均出现石质接触面。

（4）潜育特征　潜育特征是指长期被水饱和，导致土壤发生强烈还原的特征，其具有以下一些条件。50％以上的土壤基质（按体积计）的颜色值为：①色调比 7.5Y 更绿或更蓝，或为无彩色（N）；②色调为 5Y，但润态明度$\geq$4，润态彩度$\leq$4；③色调为 2.5Y，但润态明度$\geq$4，润态彩度$\leq$3；④色调为 7.5～10YR，但润态明度 4～7，润态彩度$\leq$2；⑤色调比 7.5YR 更红或更紫，但润态明度 4～7，润态彩度 1；⑥在上述还原基质内外的土体中可以兼有少量锈斑纹、铁锰凝团、结核或铁锰管状物；⑦取湿土土块的新鲜断面，10g/kg 铁氰化钾 $[K_3Fe(CN)_6]$ 水溶液测试，显深蓝色。潜育现象是指土壤发生弱至中度还原作用的特征，仅 30％～50％的土壤基质（按体积计）符合"潜育特征"的全部条件。在河流阶地、冲积平原等地势较低的区域地下水位偏高，土体长期滞水，广泛存在潜育特征。

(5) 氧化还原特征 由于潮湿水分状况、滞水水分状况或人为滞水水分状况的影响，大多数年份某一时期土壤受季节性水分饱和，发生氧化还原交替作用而形成的特征。它具有以下一个或一个以上的条件：①有锈斑纹，或兼有由脱潜而残留的不同程度的还原离铁基质；②有硬质或软质铁锰凝团、结合和/或铁锰斑块或铁磐；③无斑纹，但土壤结构体表面或土壤基质中占优势的润态彩度≤2；若其上、下层未受季节性水分饱和影响的土壤基质颜色本来就较暗，即占优势润度为2，则该层结构体表面或土壤基质中占优势的润态彩度应<1；④还原基质按体积计<30%。氧化还原特征广泛出现于植稻土壤中。

(6) 铁铝特征 土壤的铁质特征是指土壤中游离氧化铁非晶质部分的浸润和赤铁矿、针铁矿微晶的形成，并充分分散于土壤基质内使土壤红化的特性。它具有以下之一或两个条件：①土壤基质色调为5YR或更红；②整个B层细土部分连二亚硫酸钠-柠檬酸钠-碳酸氢钠溶液（DCB）浸提游离铁≥14g/kg（游离Fe_2O_3≥20g/kg），或游离铁占全铁的40%或更多。土壤铝质现象是指土壤中铝富含KCl浸提性铝的特性，其特征为阳离子交换量（CEC7）≥24cmol（＋）/kg黏粒，它不符合铝质特性的全部条件，但具以下条件中的任意2项：①pH（KCl浸提）≤4.5；②铝饱和度≥60%；③KCl浸提Al≥12cmol（＋）/kg黏粒；④KCl浸提Al占黏粒CEC7的35%或更多。铝质现象主要出现在琼中县低山丘陵局部淋溶较强的酸性土壤。

2. 土壤类型空间分布

琼中县的土壤是在特定的自然地理环境条件下，各成土因素共同作用的结果。全县地处低纬度，属热带季风气候，高温多雨的热带季风气候，使化学风化得以顺利进行，水、氧和二氧化碳对岩石进行氧化和水解，造成风化层中的铁质含量较高，土壤的富铝化作用强烈，形成了海南的地带性土壤——砖红壤。受中高周低的环状地形和东南季风及热带风暴的影响，造成水热条件的差异，使局部地区出现非地带性土壤类型及砖红壤亚类之间的差别，土壤分布受海拔高度影响极为明显，呈若干个环状带围绕五指山分布，垂直分布特征明显，自然土壤的分布随海拔由低到高依次为砖红壤（400m以下）、赤红壤（400～750m）、黄壤（750～1600m）、南方山地灌丛草甸土（1600m以上）。此外，土壤类型在水平分布方面呈组合复区结构，东北部台地和中南部丘陵是页赤土田、紫泥田、紫砂土地、紫色土、麻赤土田、麻赤土地、砖红壤、赤红壤和黄壤；西部的鹦哥岭山脉和西南部的五指山山脉是麻赤土田、麻赤红土地、砖红壤、赤红壤、黄壤和南方山地灌丛草甸土。

第二节 耕地资源概况

一、耕地数量及空间分布

1949年后,根据党中央关于"海南应加速发展热带作物,发展热带作物应以橡胶为纲"的指示,海南地区的土地规划工作中对作物及热带、亚热带经济作物用地规划的基本方针就是以发展橡胶为纲,以热带作物为主。对于一切能种植橡胶的或经改造后能种植橡胶的土地基本上都布置了橡胶,与橡胶用地发生矛盾的作物尽量减少或者不布置。

1950年后,采取了大抓兴修水利,推广绿肥,大搞农田基本建设,改造低产田等一系列措施,人的力量参与了土壤的形成过程,改善了土壤条件。在许多地区的村边田,由于人们精耕细作,增施有机肥料,逐渐发展为稳产高产的泥肉田。大量施用化学氮肥,少施或不施有机肥和磷、钾肥,使土壤磷、钾素得不到应有的补充,造成土壤氮、磷、钾三要素的比例失调,形成琼中县土壤中少磷缺钾的状态。

在21世纪初,海南省委、省政府印发的《海南省土地利用总体规划(2006—2020年)》中,明确了农用地结构调整方向为着力控制耕地减少,增加园地和林地面积,满足热带高效农业用地需求。琼中县位于海南中部,是一个九分山半分水半分田的典型山区县,守牢耕地保护红线责任重大。为深入贯彻省委、省政府关于严格保护耕地的决策部署,落实最严格的耕地保护制度,切实做好耕地和永久基本农田保护工作,琼中县大力推进全域土地综合整治试点工作,通过耕地开垦、旱改水,进一步优化耕地结构、提升耕地质量,将低产旱地改造成高效良田,开垦新增耕地,促进农业增产农民增收。

根据第三次国土调查海南成果海南统一时点数据库(2019年),琼中县耕地总面积为11099.48hm^2,其中水田面积最大,占全县耕地总面积的80.48%;其次是旱地,占比19.34%;面积最小的是水浇地,占比0.18%。琼中县耕地土壤土类主要是水稻土和赤红壤,其中水稻土的面积占全县耕地总面积的87.91%,赤红壤占比为9.03%,二者占比之和接近97%。其余砖红壤、黄壤、紫色土等占比仅3%,具体数量分布见表2-2。

表2-2 分耕地土壤类型面积统计表

土类	面积/hm^2	占比/%
水稻土	9757.75	87.91
赤红壤	1002.11	9.03

续表

土类	面积/hm²	占比/%
砖红壤	326.47	2.94
紫色土	10.13	0.09
黄壤	3.02	0.03
总计	11099.48	100.00

从乡镇层面上看，耕地主要分布在湾岭、黎母山、营根、和平等乡镇的河流冲积阶地和山前坡谷埇，其中耕地面积最大的是湾岭镇，其次是黎母山镇，然后是营根镇。水田的主要分布区域与耕地的相似，主要分布在湾岭、黎母山和营根等乡镇，水田面积最大的是湾岭镇，其次是黎母山镇，然后是营根镇，其余乡镇的水田面积占比均不足10%。旱地同样主要分布在黎母山、湾岭、营根和和平等乡镇的低丘地区，其中面积最大的是黎母山，其次是湾岭镇，再次是营根镇及和平镇，其余乡镇的旱地面积占比均不足10%。水浇地除了中平镇，其余乡镇均有分布，面积差异并不大，面积占比超过16%的乡镇有湾岭、营根和黎母山镇；面积占比少于10%的乡镇有和平、红毛和什运；吊罗山、长征和上安的水浇地面积占比均为10%左右；水浇地面积最大的是湾岭镇，其次是营根镇，中平镇水浇地面积为0。其余详见表2-3。

表2-3 分乡镇耕地类型面积及占比

乡镇	水田		旱地		水浇地		总计	
	面积/hm²	占比/%	面积/hm²	占比/%	面积/hm²	占比/%	面积/hm²	占比/%
吊罗山乡	406.00	4.54	40.20	1.87	2.11	10.85	448.31	4.04
和平镇	685.05	7.67	236.01	10.99	1.22	6.28	922.28	8.31
红毛镇	793.52	8.88	119.93	5.59	0.90	4.63	914.35	8.24
黎母山镇	1472.64	16.48	584.45	27.22	3.12	16.05	2060.21	18.56
上安乡	493.97	5.53	65.91	3.07	1.95	10.03	561.84	5.06
什运乡	358.68	4.02	85.16	3.97	1.62	8.33	445.47	4.01
湾岭镇	1972.91	22.08	497.32	23.17	3.25	16.72	2473.49	22.28
营根镇	1338.59	14.98	282.77	13.17	3.18	16.36	1624.54	14.64
长征镇	728.30	8.15	100.34	4.67	2.09	10.75	830.72	7.48
中平镇	683.60	7.65	134.68	6.27	0.00	0.00	818.28	7.37
合计	8933.26	100.00	2146.77	100.00	19.44	100.00	11099.49	100.00

从地形部位来看,琼中县耕地主要分布在丘陵下部的谷底或者坡麓区,占全县耕地总面积的60.19%;其次是山地坡下,占全县耕地总面积的21.36%;再次是山地坡中,占比为8.89%;极少部分分布在山间盆地和宽谷盆地,面积占比分别为2.12%和1.04%。详见表2-4。

表2-4 分地形部位耕地面积统计表

地貌类型	面积/hm²	占比/%
宽谷盆地	115.43	1.04
丘陵下部	6680.79	60.19
丘陵中部	710.37	6.40
山地坡下	2370.56	21.36
山地坡中	987.24	8.89
山间盆地	235.09	2.12
总计	11099.48	100.00

利用1∶100万比例尺的地貌类型分布图叠加耕地类型图图斑,获取了各耕地地类图斑的地貌类型,从叠加结果来看,琼中县耕地主要分布在低海拔侵蚀剥蚀低台地区,占全县耕地总面积的31.10%;其次是侵蚀剥蚀小起伏低山区,占全县耕地总面积的比例为20.76%;再次是侵蚀剥蚀低海拔低丘陵,占比为19.27%;然后为低海拔河谷平原,占比为12.99%;侵蚀剥蚀中起伏中山、侵蚀剥蚀低海拔高丘陵、侵蚀剥蚀大起伏中山和侵蚀剥蚀中起伏低山,面积占比均不到10%。详见表2-5。

表2-5 分地貌类型耕地面积统计表

地貌类型	面积/hm²	占比/%
低海拔河谷平原	1441.32	12.99
低海拔侵蚀剥蚀低台地	3451.43	31.10
侵蚀剥蚀大起伏中山	217.64	1.96
侵蚀剥蚀低海拔低丘陵	2138.55	19.27
侵蚀剥蚀低海拔高丘陵	710.37	6.40
侵蚀剥蚀小起伏低山	2303.82	20.76
侵蚀剥蚀中起伏低山	66.74	0.60
侵蚀剥蚀中起伏中山	769.61	6.93
总计	11099.48	100.00

二、主要耕作土壤的形成

1. 水稻土

水稻土是自然土壤或旱作土壤，经过人类开垦长期种植水稻后形成的。由于种植了水稻，进行周期性的灌溉和排水，改变了土壤的水分状况，使土壤发生了一系列的变化；在灌水种稻时，耕层土壤水分过饱和，使土壤处于还原状态，铁锰三价氧化物被还原为二价，增加了溶解度，二价铁锰氧化物随着重力水下渗至底土层重新被氧化为三价而沉淀，从而促进了铁锰物质的下移，并增加了土壤有效磷的含量。由于耕层水分过饱和，土壤处于嫌气状态，土壤微生物以厌氧微生物为主，厌氧微生物的活动，增加了腐殖质的形成，促进了土壤有机质的积累。在水耕的影响下，土壤高度分散，土壤黏粒随重力水下移。在耕作层之下，由于经常受犁耙工具的镇压和水分下渗时从耕层带来的黏粒积累，使之形成一个坚实密致的犁底层。由于长期种植水稻和周期性的水耕，从而形成了特殊的剖面构型和肥力特点，即形成了平坦均匀和肥沃的耕作层（A）、比较紧密有托水保肥能力的犁底层（P）、具有明显铁锰淀积斑纹的潴育层（W）及地下水浸渍土色青灰的潜育层（G）或母质层（C）。由于琼中地处热带，高温多雨，干湿季节明显，淋溶作用强烈，植物生长旺盛，有机质分解迅速。水稻土保留了原地带性土壤母土砖红壤酸性强，盐基饱和度低，代换量小，磷、钾缺乏的特点。此外，海南的耕作特点是复种指数高，休耕时间短，这也导致矿物养分元素迁移率高。海南地形复杂，地形地貌多样，有阶地、平原、台地、低丘、高丘和中山。水稻土在各种地貌均有分布，其分布规律是台地、丘陵地区分布有赤土田、红赤土田、页赤土田和泥肉田；高丘陵和山地有赤土田、洪积黄泥田和冷底田等。

2. 赤红壤

赤红壤的形成是一个复杂的过程，涉及多种自然因素的相互作用。首先，赤红壤主要分布在北回归线两侧，这一区域纬度较低，受到高山和海洋的气候影响，形成了冬暖夏热、湿润多雨的气候条件。这种气候为赤红壤的形成提供了有利的外部环境。其次，赤红壤的形成过程中，风化作用尤为关键。在中亚热带生物气候条件下，风化淋溶作用强烈，导致土壤中硅酸盐矿物分解，形成各种氧化物。这个过程中，硅酸开始移动，而含水氧化铁、铝则开始溶解并具流动性。随着风化物随水向下淋溶，土壤上部的pH值逐渐变酸，进一步促进了铁、铝的相对富集。最后，生物富集过程也在赤红壤的形成中扮演重要角色。生物活动不仅促进了有机质的积累，还影响了土壤中营养元素的循环，这些生物过程与富铁铝化过程相互作用，共同推动了赤红壤的发育。综上所述，赤红壤的形成是一个长期的过程，涉及特定的气候条件、强烈的风化淋溶作用以及生物活动的相互作用。这些因素共同作用，使得赤红壤具有介于砖红壤与红壤之间的特性，表现为酸性至强酸性的红色土壤。

3. 黄壤

热带黄壤的形成过程主要涉及脱硅富铝化作用、水合氧化铁的生成以及生物富集等过程。热带黄壤是一种地带性土壤，它的形成与亚热带常年湿润的生物气候条件密切相关。以下是热带黄壤形成的主要过程：一是脱硅富铝化作用。这是热带黄壤形成的一个关键过程，指的是在高温多雨的气候条件下，土壤中的硅酸盐矿物被水解，硅酸遭受淋失，而铝则相对富集在土壤中。二是水合氧化铁的形成及富集。黄壤中富含水合氧化铁（针铁矿），这是其黄色特征的来源。在亚热带湿润气候条件下，铁、铝氧化物发生水化，形成了特有的黄色土壤。三是生物富集过程。在热带黄壤的形成过程中，生物活动也起到了重要作用。自然植被下形成的枯枝落叶在地面经微生物分解，可以积聚成薄而不连续的残落物层，这一过程有助于土壤养分的循环和积累。因此，热带黄壤的形成是一个复杂的自然过程，涉及多种地质和生物学因素。

4. 砖红壤

砖红壤的形成过程是在热带雨林或季雨林下进行的，这个过程涉及强烈的富铁铝化和生物富集作用。砖红壤是一种典型的热带土壤，它的形成与该地区特有的高温高湿气候条件密切相关。砖红壤形成的主要过程：一是强烈的富铁铝化作用。在热带地区，由于长期的高温和降雨，土壤中的硅酸盐矿物会被强烈风化，导致硅酸受到淋失，而铁和铝等元素则相对富集在土壤中。这种作用使得土壤中的铝含量增加，形成了独特的红色风化壳，有的甚至厚达几米至几十米。二是生物富集作用。在热带雨林或季雨林的覆盖下，大量的枯枝落叶层积累在土壤表面，经过微生物的分解作用，这些有机物逐渐转化为土壤有机质，为土壤提供了丰富的养分。三是土壤环境的变化作用。砖红壤化过程可能导致土壤环境的剧烈变化，这种变化在某些情况下是不可逆的。如果没有植被的保护和改良作用，土壤可能会变得非常坚硬，类似于烧砖状，这对土壤的耕作和利用造成困难。因此，砖红壤的形成是一个长期的过程，需要特定的气候条件和生物活动的共同作用。

5. 紫色土

紫色土是在亚热带地区的特殊地质条件下形成的土壤类型。紫色土的形成过程主要涉及以下几个方面：一是母质影响。紫色土的母岩主要是第三纪、侏罗纪和白垩纪的紫色砂岩、紫色砂页岩、紫色砂砾岩、紫红色砂岩及紫色凝灰质砂岩等。这些岩石富含磷、钾、钙等元素，为紫色土提供了丰富的矿物质基础。二是风化作用。紫色土的形成过程中，物理风化作用非常强烈，而化学风化相对微弱。这意味着岩石在风化过程中主要发生物理性质的改变，如破碎和分解，而化学成分的变化不大。三是侵蚀作用。紫色土在形成过程中受到频繁的侵蚀作用，这导致了土壤层次不明显，全剖面呈现均一的紫色或紫红色。四是石灰淋溶。在紫色土的形成过程中，石灰开始淋溶，这是土壤中钙质成分随水分向下迁移的过程。因此，紫色土的形成是一个复杂的自然过程，涉及特定的气候条件、母质类型以及风化和侵蚀作用。

三、耕地资源的变化

第二次国土资源调查以来，琼中县耕地资源数量产生一些变化，总体来讲三调与二调相比，旱地面积增加了，水田面积大幅减少，产生这种变化的可能因素有多重。一是自然因素：自然灾害如洪水、干旱、泥石流等可能导致耕地被破坏，从而减少可用的耕地数量。此外，长期的耕作也可能导致土地肥力下降，使得一些耕地不再适宜种植。二是人为因素：随着城市化进程的加快，一些耕地可能被征用用于建设住宅、商业设施或工业区，这是导致耕地面积减少的一个重要原因。同时，政府为了保护生态环境，可能会实施生态退耕政策，将一些生态敏感区域的耕地退还为林地或草地。三是农业结构调整：为了适应市场需求和提高农业效益，农民可能会改变种植结构，比如将一部分耕地转为果园、鱼塘或其他用途，这也会影响耕地的数量。四是政策导向：政府的相关政策也会影响耕地资源的变化。例如，琼中县设定了耕地保有量的下限，以确保耕地资源的可持续利用。同时，通过出台农村撂荒耕地整治管理暂行办法，推动撂荒地复耕，可以增加耕地的实际使用面积。五是经济发展：随着经济的发展，一些地区可能会出现产业升级，导致部分耕地被转用于工业或服务业发展。六是科技进步：农业科技的进步，如农业机械化，可能会提高耕地的利用效率，减少由耕作不当导致的耕地损失。

从表2-6来看，琼中县耕地自二调以来耕地面积总数是下降的，由原来的11469.95hm^2下降至11099.48hm^2，减少了370.47hm^2；其中，下降面积最大的是水田，由原来的9399.62hm^2下降至8933.27hm^2，十年间共下降了466.35hm^2，变化的主要原因之一是旱改水，即水田旱用，如种植槟榔或者果树等，但这种短时间的变化，并不能改良土壤剖面特性，仍然保持了水稻田的剖面属性；其次是旱地面积呈增加的趋势，自第二次国土调查以来，旱地面积增加了 96.34hm^2，由 2050.35hm^2 增加至 2146.78hm^2，水浇地的面积变化不大。

表 2-6 第二次国土调查以来各耕地地类变化情况表

地类	第二次国土调查		第三次国土调查		两次调查变化情况	
	面积/hm^2	占比/%	面积/hm^2	占比/%	面积/hm^2	占比/%
旱地	2050.35	17.88	2146.78	19.34	96.43	1.46
水浇地	19.98	0.17	19.43	0.18	−0.55	0.01
水田	9399.62	81.95	8933.27	80.48	−466.35	−1.47
总计	11469.95	100.00	11099.48	100.00	−370.47	0.00

第三章
琼中县耕地土壤资源概况

琼中县地处热带，因地形复杂，受各地生物、气候条件、母岩母质以及人类活动等因素的差异，形成了多样的土壤，分布也极具规律性，既有垂直分布规律，又有水平组合分布规律。共分为南方山地灌丛草甸土、黄壤、赤红壤、砖红壤、紫色土、红色石灰土和水稻土共七个土类，十四个亚类，三十七个土属，一百一十一个土种。

第一节 水稻土土类

全县水稻土面积约 9757.75hm^2，占全县土地总面积的 3.61%，占耕地面积的 87.91%。水稻土是自然因素与人为活动的共同产物；本县水稻土主要是地带性土壤——砖红壤经开垦后水耕熟化而形成，由于长期在水耕施肥等措施作用下，土壤中频繁地进行着有机质的合成与分解，氧化与还原，淋溶与淀积等作用，促进土壤性态的改变，从而形成独特的剖面形态、理化性质和生物特征。完整的水稻土剖面通常由耕作层（A）、犁底层（P）、潴育层（W）、母质层（C）或潜育层（G）等基本层次构成，有的水稻土还有漂洗层（E）。由于不同肥力特性，生产性能及熟化程度，可划分出不同水稻土。本县水稻土分为五个亚类，十五个土属，三十二个土种。现分别论述如下。

一、淹育水稻土亚类

淹育水稻土约占全县水稻土总面积的 6.7%，零星分布在全县各乡镇，分布较多的有黎母山、湾岭等。该亚类所处地形部位多为丘陵梯田，也有水源奇缺的坑田，耕作时间不长，土壤熟化程度不高，地下水位低，水源短缺，灌溉条件差，受水作用时间短，因而心土层与原来的母质无多大差别，土体构型为 A-P-C

或 A-C，按成土母质不同，分为浅脚麻赤土田、浅脚页赤土田和浅脚紫泥田三个土属，六个土种。

1. 浅脚麻赤土田土属

该土属成土母质为花岗岩砖红壤，根据质地的差异分为浅脚麻赤泥砂田和浅脚麻赤砂质田两个土种。以浅脚麻赤泥砂田为典型土种进行具体介绍：

（1）归属和分布　系水稻土土类，淹育水稻土亚类，浅脚麻赤土田土属。主要分布在黎母山镇的干埇、潘总等村。

（2）主要性状及生产性能　结构疏松，保肥能力差，熟化程度低，耕层较浅薄（平均13cm），排灌条件差，底土层淀积程度不高，基本还是母质层，质地为砂壤至轻壤。根据6个样本分析结果：耕层有机质含量1.39%～3.08%，平均含量2.39%；全氮含量0.056%～0.166%，平均含量0.115%；全磷含量0.024%～0.11%，平均含量0.078%；全钾含量2.34%～3.42%，平均含量2.91%；速效磷0～20mg/kg，平均含量8mg/kg；速效钾含量28～54mg/kg，平均含量44mg/kg；pH值5.3～5.8。稻谷年亩产240～300kg。

2. 浅脚页赤土田土属

该土属成土母质为砂页岩风化物，主要分布在松涛、中平两个地区，根据耕层质地的差异分为浅脚页赤泥砂田和浅脚页赤砂质田两个土种。以浅脚页赤泥砂田为典型土种进行介绍：

（1）归属和分布　系水稻土土类，淹育水稻土亚类，浅脚页赤土田土属。主要分布在中平南茂等区域。

（2）主要性状及生产性能　耕层砂泥比例适中，结构良好，肥力中等。根据第195号剖面分析结果：耕层有机质含量2.57%，全氮含量0.205%，全磷含量0.061%，碱解氮含量97mg/kg，速效磷含量9mg/kg，速效钾含量55mg/kg，pH值5.4。稻谷年亩产300～380kg。

3. 浅脚紫泥田土属

该土属成土母质为紫色砂页岩风化物，质地多为砂壤至轻壤，剖面无明显发生层次，底土无铁锈斑纹，按耕层质地差异，分浅脚紫砂泥田和浅脚紫砂质田两个土种。以浅脚紫砂泥田为典型土种进行介绍：

（1）归属和分布　系水稻土土类，淹育水稻土亚类，浅脚紫泥田土属。主要分布在松涛三足、牛栏岗等区域。

（2）主要性状及生产性能　耕层紫棕色，质地砂壤至轻壤，速效磷、钾含量中等，但全氮含量不高。根据第878号剖面分析结果：耕层有机质含量2.30%，全氮含量0.134%，全磷含量0.008%，碱解氮含量69mg/kg，速效磷含量

13mg/kg，速效钾含量 98mg/kg，pH 值 6.0。稻谷年亩产 310～400kg。

二、潴育水稻土亚类

该亚类全县各乡镇都有分布，且分布最广，面积最大，主要集中在丘陵区，它的特点是耕层、犁底层明显，其下为淋溶淀积潴育层。剖面上有黄棕色铁锈斑纹及紫黑色的铁锰斑点或新生的铁锰结核，典型剖面构型为 A-P-W-C。本亚类共分麻赤土田、页赤土田、紫泥田、洪积土田、冲积土田、泥肉田和河沙泥田等七个土属。

1. 麻赤土田土属

该土属成土母质为花岗岩的赤红壤、砖红壤，分布位置较高，多在山坡的中、下部梯田，按质地不同，可分为麻赤砂泥田和麻赤砂质田两个土种。以麻赤砂泥田为典型土种进行介绍：

（1）归属和分布　系水稻土土类，潴育水稻土亚类，麻赤土田土属。主要分布在毛阳、什运、上安等区域的梯田上。

（2）主要性状及生产性能　耕层质地适中，通透性较好，易耕作，熟化程度较高，磷、钾稍缺乏。据 12 个剖面样品分析结果：耕层有机质含量 1.72%～5.86%，平均含量 3.34%；全氮含量 0.089%～0.235%，平均含量 0.155%；全磷含量 0.003%～0.254%，平均含量 0.063%；碱解氮平均含量 111mg/kg；速效磷含量 3～37mg/kg，平均含量 10mg/kg；速效钾含量 17～263mg/kg，平均含量 49mg/kg；pH 值 5.2～5.7。稻谷年亩产 300～400kg。

2. 页赤土田土属

为发育在砂页岩母质的赤、砖红壤土类上的水稻田，耕层质地砂壤至轻壤，按质地不同，可分为页赤砂泥田和页赤砂质田两个土种。以页赤砂质田为典型土种进行介绍：

（1）归属和分布　系水稻土土类，潴育水稻土亚类，页赤土田土属。主要分布在黎母山、松涛等区域。

（2）主要性状及生产性能　耕层质地砂至砂壤土，上下较均匀，黏着力小，通气性好，养分易流失，磷、钾稍缺乏，耕后易沉降。据第 806 号剖面样品分析结果：耕层有机质含量 2.29%；全氮含量 0.073%；全磷含量 0.044%；全钾含量 2.92%；碱解氮含量 126mg/kg；速效磷含量 4mg/kg；速效钾含量 35mg/kg；pH 值 5.6。稻谷年亩产 300kg 左右。

3. 紫泥田土属

成土母质为紫色砂岩风化物，耕层质地砂壤至轻壤，按质地不同，可分为紫砂泥田和紫砂质田两个土种。以紫砂泥田为典型土种进行介绍：

（1）归属和分布　系水稻土土类，潴育水稻土亚类，紫泥田土属。主要分布在松涛等区域。

（2）主要性状及生产性能　耕层保持原来母质的紫色，砂泥比例适中，砂壤至轻壤土，通透性一般，肥力较高。据第858号剖面样品分析结果：耕层有机质含量3.19%；全氮含量0.193%；全磷含量0.059%；全钾含量1.88%；速效磷含量16mg/kg；速效钾含量53mg/kg；pH值6.0。稻谷年亩产300kg左右。

4. 洪积土田土属

洪积土田土属是潴育水稻土中面积最大的一个土属，各乡镇均有分布，其中湾岭、黎母山、营根、红毛等地区面积较大。成土母质为山地或丘陵狭谷的洪积物，坑口田土层较薄，发育层次不明显，坑尾田含泥较多，底土层常有混杂物。按质地及生产性能等特点，可分为洪积泥田、洪积砂泥田、洪积砂质田和洪积乌砂泥田四个土种。以洪积泥田作为典型土种进行介绍：

（1）归属和分布　系水稻土土类，潴育水稻土亚类，洪积土田土属。主要分布在湾岭、乌石的坑田中、下部，阳光及水利条件较好的区域。

（2）主要性状及生产性能　耕层较深厚，质地多属中壤至重壤土，保水保肥性能较强，通透性一般，土壤偏酸且缺磷、钾。据7个剖面样品分析结果：耕层有机质含量3.45%～5.93%，平均含量4.31%；全氮含量0.148%～0.225%，平均含量0.221%；全磷含量0.076%～0.151%，平均含量0.097%；碱解氮平均含量113mg/kg；速效磷含量2～15mg/kg，平均含量7mg/kg；速效钾含量23～87mg/kg，平均含量67mg/kg；pH值5.3～5.7。稻谷年亩产500kg左右。

5. 冲积土田土属

其成土母质主要为宽谷冲积物，主要分布在湾岭、乌石的峒田中，分砂泥田和砂质田两个土种。以砂泥田为典型土种进行介绍：

（1）归属和分布　系水稻土土类，潴育水稻土亚类，冲积土田土属。主要分布在湾岭、营根、五指山等区域。

（2）主要性状及生产性能　该土种地处地势比较平坦，阳光充足，排灌便利，耕层深厚等的优越生产环境中；生产力较高，耕层质地为轻壤土，易耕作，宜种性广，肥力中上，作物产量较高。据6个剖面样品分析结果：耕层有机质含量1.40%～4.73%，平均含量3.56%；全氮含量0.088%～0.219%，平均含量0.161%；全磷含量0.028%～0.130%，平均含量0.076%；全钾含量1.72%～

3.91%，平均含量 3.62%；碱解氮平均含量 87mg/kg；速效磷含量 8~31mg/kg，平均含量 12mg/kg；速效钾含量 29~124mg/kg，平均含量 60mg/kg；pH 值 5.1~6.4。稻谷年亩产 500kg 左右。

6. 河沙泥田土属

其成土母质主要为河流冲积物，土层较深厚，质地较细致均匀，主要分布于和平、中平、毛阳、营根的近河处。按照质地不同可分为河沙泥田、河沙质田和河结粉砂田三个土种。以河沙泥田为典型土种进行介绍：

（1）归属和分布　系水稻土土类，潴育水稻土亚类，河沙泥田土属。主要分布在营根、和平等乡镇的近河区域。

（2）主要性状及生产性能　该土种耕层较深厚，多为轻壤土，有机质含量较高，但磷、钾较缺乏，通透性能好，易耕作，宜种性广。据 4 个剖面样品分析结果：耕层有机质含量 2.50%~3.43%，平均含量 2.94%；全氮含量 0.094%~0.175%，平均含量 0.147%；全磷含量 0.068%~0.150%，平均含量 0.098%；全钾含量 2.33%~3.40%，平均含量 3.05%；速效磷含量 3~82mg/kg，平均含量 29mg/kg；速效钾含量 21~56mg/kg，平均含量 43mg/kg；pH 值 5.2~5.8。稻谷年亩产 500kg 左右。

7. 泥肉田土属

该土属只有一个土种，为赤泥肉田，长期施用农家肥，是地力较高的田垌。

（1）归属和分布　系水稻土土类，潴育水稻土亚类，泥肉田土属。主要分布于湾岭、毛阳、营根的村角区。

（2）主要性状及生产性能　该土种一般位于地势平坦，光温条件较好的垌田，有少量分布在坑田；由于长期增施农家肥和精耕细作，耕层深厚，土壤疏松柔软，质地中壤至重壤土，少数为轻壤土。据 9 个剖面样品分析结果：耕层有机质含量 2.95%~4.54%，平均含量 3.98%；全氮含量 0.129%~0.286%，平均含量 0.20%；全磷含量 0.034%~0.283%，平均含量 0.097%；全钾含量 1.68%~3.83%，平均含量 2.73%；碱解氮平均含量为 179mg/kg；速效磷含量 3~104mg/kg，平均含量 16mg/kg；速效钾含量 30~126mg/kg，平均含量 46mg/kg；pH 值 5.2~7.5。稻谷年亩产 700kg 左右。

三、渗育水稻土亚类

该亚类主要分布于水利沟的下坡部，常受串灌及水分下渗或侧渗漂洗作用，使土壤中的铁锰黏粒严重流失，在犁底层之下出现灰漂层。典型剖面构型为 A-P-

E。全县只有砂漏田一个土属,洪砂漏田一个土种。

(1) 归属和分布　系水稻土土类,渗育水稻土亚类,砂漏田土属。主要分布于松涛、吊罗山、毛阳等区域。

(2) 主要性状及生产性能　该土种长期受地下侧渗水漂洗,犁底层下面出现灰漂层,养分含量较低,尤其是磷、钾较缺乏,水稻插秧后返青慢、分蘖少,长势差,产量一般都很低。据8个剖面样品分析结果:耕层有机质含量1.66%～4.71%,平均含量3.08%;全氮含量0.096%～0.178%,平均含量0.169%;全磷含量0.054%～0.094%,平均含量0.056%;全钾含量1.63%～3.94%,平均含量2.38%;速效磷含量3～20mg/kg,平均含量9mg/kg;速效钾含量14～133mg/kg,平均含量33mg/kg;pH值5.7。稻谷年亩产300kg左右。

四、潜育水稻土亚类

该亚类主要分布于山坑或谷底低洼处,地下水位高,犁底层之下有一层灰蓝色或灰黑色的土层,由于受地下水的浸湿,通气性差,还原性强,亚铁离子多,毒性大,不利于水稻生长。典型土体剖面构型为A-P-G或A-P-W-G型。共分为冷底田和青底泥田两个土属。

1. 冷底田土属

该土属分为冷底田和铁锈水田两个土种。以冷底田为典型土种进行介绍:

(1) 归属和分布　系水稻土土类,潜育水稻土亚类,冷底田土属。主要分布于山坑田的下部或丘陵区坑田中部等区域。

(2) 主要性状及生产性能　土体受冷泉水影响,土温低,酸性强,有效养分缺乏,早稻返青慢、分蘖少,长势差,产量低。据9个剖面样品分析结果:耕层有机质含量2.57%～4.40%,平均含量3.53%;全氮含量0.132%～0.226%,平均含量0.180%;全磷含量0.019%～0.128%,平均含量0.063%;全钾含量1.30%～3.46%,平均含量3.38%;碱解氮含量132～220mg/kg,平均含量204mg/kg;速效磷含量4～22mg/kg,平均含量10mg/kg;速效钾含量18～60mg/kg,平均含量44mg/kg;pH值5.4。

2. 青底泥田土属

该土属主要是由潴育水稻土在耕作时水分管理不当,造成地下水位升高,在潴育层下出现潜育层段(60cm以上),影响作物根系生长。按质地不同分为青底泥田、青底砂泥田和青底砂质田共三个土种。以青底砂泥田为典型土种进行介绍:

（1）归属和分布　系水稻土土类，潜育水稻土亚类，青底泥田土属。主要分布于长征、湾岭、五指山和黎母山等区域。

（2）主要性状及生产性能　耕层质地砂壤至轻壤土，砂泥比例适中，但排灌不良，地下水位高，一般在50cm左右，土壤潜在养分高，但速效养分低，尤其磷素较缺乏。据7个剖面样品分析结果：耕层有机质含量2.20%～4.19%，平均含量3.51%；全氮含量0.107%～0.228%，平均含量0.176%；全磷含量0.039%～0.122%，平均含量0.058%；全钾含量2.02%～3.43%，平均含量3.33%；碱解氮平均含量138mg/kg；速效磷含量3～33mg/kg，平均含量11mg/kg；速效钾含量14～176mg/kg，平均含量72mg/kg；pH值5.5。

五、沼泽水稻土亚类

该亚类主要分布于山涧谷底间，地下水位高的地段，土壤长期浸泡在渍水中，处于嫌气状态，还原性强，有亚铁危害，全剖面呈灰蓝色或蓝黑色，各乡镇均有零星分布。典型土体剖面构型为A-G或Ag-G型，共分为烂泞田和泥炭土田两个土属。

1. 烂泞田土属

该土属主要分布在五指山、湾岭、长征、上安等区域的山坑、埇边，排灌干渠或河边低洼的地方，土体浮动糊烂，无犁底层，母质多为洪积物或者冲积物，质地稍黏，潜在养分高而速效养分低，特别是磷素更低，水稻生长不良，产量不高。按烂泥层的深浅和地下水的来源分烂泞田、深泞田和泞眼田三个土种。以深泞田为典型土种进行介绍：

（1）归属和分布　系水稻土土类，沼泽水稻土亚类，烂泞田土属。主要分布于湾岭、长征等区域的山坑或埇边。

（2）主要性状及生产性能　土体糊黏，烂泥层厚度都在60cm以上，人、畜很难下田耕作，机器更加无法作业，宜种性小，养分含量高，但有效养分较低，磷钾缺乏。

2. 泥炭土田土属

该土属成土母质为洪积物，土体中含有泥炭土壤，有效养分较低。本土属下面只有一个土种，即泥炭底田。

（1）归属和分布　系水稻土土类，沼泽水稻土亚类，泥炭土田土属。主要分布在营根的南丰至长征的新平一带。

（2）主要性状及生产性能　田面常有冷泉水涌出，泞眼周围形成渍水，土体糊烂浮动，其余部分土体稍实，有犁底层。据 2 个剖面样品分析结果：耕层有机质含量 4.20%；全氮含量 0.208%；全磷含量 0.077%；全钾含量 2.52%；碱解氮含量 148mg/kg；速效磷含量 10mg/kg；速效钾含量 21mg/kg；pH 值 5.4。

第二节　砖红壤土类

砖红壤是全县分布面积最大的土类，占自然土壤的 56.9%。此类土壤是热带雨林或季雨林地区最为典型的土壤，风化十分强烈，铁、铝含量高，土壤呈酸性反应。砖红壤一般分布于本县各区海拔 400m 以下的低丘，台地缓坡，既有水平分布，也有垂直分布，是本县生产潜力最大的一类土壤。按形态特征差异，分砖红壤和黄色砖红壤两个亚类，七个土属，三十个土种。

一、砖红壤亚类

该亚类土壤占自然土壤的 39.1%，其成土母质为花岗岩或砂页岩风化物，心土层呈棕红色或红棕色。按母岩不同，分麻砖红壤、页砖红壤、麻赤土地、页赤土地共四个土属，十七个土种。

1. 麻砖红壤土属

该土属面积占自然土壤的 28.1%，是全县面积最大、分布最广的土壤类型。主要分布于湾岭、红岛、营根、红毛、什运、毛阳等区域，成土母质为花岗岩风化物。由于人们活动频繁，有机质层以薄至中层为主，在植被覆盖较好地段，一般有机质含量达 3%。分厚厚层麻砖红壤、厚中层麻砖红壤、厚薄层麻砖红壤、薄厚层麻砖红壤、薄中层麻砖红壤、薄薄层麻砖红壤、中厚层麻砖红壤、中中层麻砖红壤、中薄层麻砖红壤共九个土种，以中厚层麻砖红壤和厚厚层麻砖红壤的面积较大。以中厚层麻砖红壤为典型土种进行介绍：

(1) 归属和分布　系砖红壤土类，砖红壤亚类，麻砖红壤土属。主要分布于营根、红毛、什运的近缓坡地带。

(2) 主要性状及生产性能　表层质地多为砂壤、块状结构，有机质含量中等，但磷素含量较低，宜种性广。据 6 个剖面样品分析结果：有机质含量 1.84%～5.35%，平均含量 2.05%；全氮含量 0.068%～0.278%，平均含量 0.103%；全磷含量 0.029%～0.362%，平均含量 0.108%；全钾含量 1.35%～3.24%，平均含量 2.98%；碱解氮含量 89～150mg/kg，平均含量 120mg/kg；速效磷含量 2～23mg/kg，平均含量 6mg/kg；速效钾含量 15～330mg/kg，平均含量 61mg/kg；pH 值 5.3。

2. 页砖红壤土属

该土属面积占自然土壤的 2.9%，成土母质以砂页岩风化物为主，分厚厚层页砖红壤、厚中层页砖红壤、薄厚层页砖红壤、中厚层页砖红壤、中薄层页砖红壤五个土种。以中厚层页砖红壤为典型土种进行介绍：

（1）归属和分布　系砖红壤土类，砖红壤亚类，页砖红壤土属。主要分布在松涛、红毛等区域的丘陵缓坡地带。

（2）主要性状及生产性能　表层质地多为轻壤至中壤土，酸性反应，钾较丰富，全剖面呈灰黄色。

3. 麻赤土地土属

该土属面积占自然土壤的 8.1%，由花岗岩发育的红壤上经耕垦后形成，是本县面积最大的旱坡地土壤类型；所处位置为山地岭脚或丘陵坡上，质地多为砂土至砂壤土，少数为轻壤至中壤土。由于所处地势较为平缓，土层比麻赤红土地深厚，但人为活动较频繁，表层有机质较麻赤红土地稍低，按质地差异，分麻赤砂泥地和麻赤砂质地两个土种。以麻赤砂泥地为典型土种进行介绍：

（1）归属和分布　系砖红壤土类，砖红壤亚类，麻赤土地土属。主要分布于丘陵区的湾岭、黎母山、营根、红岛、长征等区域，是本县分布面积最广、生产潜力最大的一个旱地土壤。

（2）主要性状及生产性能　表土层质地多为砂壤至轻壤土，厚度中等，土层较深厚，肥力较高，耕性好，宜种性广，但水源缺乏，易旱，施肥少，作物产量低。据 29 个土样样品分析结果：有机质含量 1.73%～4.14%，平均含量 2.78%；全氮含量 0.027%～0.165%，平均含量 0.118%；全磷含量 0.037%～0.500%，平均含量 0.148%；全钾含量 0.71%～3.78%，平均含量 3.18%；碱解氮含量 113～137mg/kg，平均含量 130mg/kg；速效磷含量 2～51mg/kg，平均含量 8mg/kg；速效钾含量 28～250mg/kg，平均含量 9mg/kg；pH 5.1～7.3。

4. 页赤土地土属

该土属面积较小，由砂页岩发育的红壤上经耕垦后形成，质地多为砂壤至轻壤土，仅有一个土种。

（1）归属和分布　系砖红壤土类，砖红壤亚类，页赤土地土属。主要分布于县北部松涛的山坡岭脚等区域。

（2）主要性状及生产性能　表土层砂性，砂壤至轻壤土，冲刷较严重，土层较薄，并夹有碎片石砾，作物以番薯、玉米为主。据县第 855 号剖面土样分析结果：有机质含量 2.08%，全氮含量 0.063%，全磷含量 0.061%，全钾含量 2.31%，速效磷含量 8mg/kg，速效钾含量 86mg/kg，pH 5.4。

二、黄色砖红壤亚类

该亚类土壤占自然土壤的 17.8%，分布于本县东南部降雨量较多，自然植被较好的地区，成土母质为花岗岩及砂页岩风化物，分麻黄色砖红壤、页黄色砖红壤、麻黄赤土地三个土属，共十三个土种。

1. 麻黄色砖红壤土属

该土属面积占自然土壤的 14.8%，成土母质为花岗岩风化物，主要分布在和平、吊罗山、中平等区域，分厚厚层麻黄色砖红壤、厚中层麻黄色砖红壤、薄厚层麻黄色砖红壤、薄中层麻黄色砖红壤、薄薄层麻黄色砖红壤、中厚层麻黄色砖红壤、中中层麻黄色砖红壤、中薄层麻黄色砖红壤八个土种。以中厚层麻黄色砖红壤为典型土种并进行介绍：

（1）归属和分布　系砖红壤土类，黄色砖红壤亚类，麻黄色砖红壤土属。主要分布在和平、吊罗山等区域丘陵地带。

（2）主要性状及生产性能　表层质地多为砂壤至轻壤土，粒状结构，土体一般较深厚，棕黄色或黄色。据 4 个土样样品分析结果：有机质含量 2.47%～4.47%，平均含量 4.00%；全氮含量 0.127%～0.192%，平均含量 0.190%；全磷含量 0.053%～0.381%，平均含量 0.055%；全钾含量 0.60%～2.97%，平均含量 2.91%；速效磷含量 8～11mg/kg，平均含量 8mg/kg；速效钾含量 93～133mg/kg，平均含量 94mg/kg；pH 4.9～5.2。

2. 页黄色砖红壤土属

该土属面积占自然土壤的 0.4%。用土母质为砂页岩风化物，在多雨地区，淋溶作用强烈，心土层呈黄色，分厚厚层页黄色砖红壤、厚中层页黄色砖红壤、中厚层页黄色砖红壤、中薄层页黄色砖红壤四个土种。以厚厚层页黄色砖红壤典型土种进行介绍：

（1）归属和分布　系砖红壤土类，黄色砖红壤亚类，页黄色砖红壤土属。主要分布在中平南茂等区域丘陵地带。

（2）主要性状及生产性能　有机质层一般以厚层为主，质地多为砂壤至轻壤土，钾丰富，磷较缺。有机质含量 2.87%，全氮含量 0.136%，全磷含量 0.073%，全钾含量 2.16%，碱解氮含量 95mg/kg，速效磷含量 11mg/kg，速效钾含量 155mg/kg，pH 5.4。

3. 麻黄赤土地土属

该土属面积占自然土壤的 2.71%，本土属只有麻黄赤砂泥地一个土种，其成土母质为花岗岩风化物的残坡积物。

(1) 归属和分布　系砖红壤土类，黄色砖红壤亚类，麻黄赤土地土属。主要分布在东南部的中平、和平、吊罗山区的岭脚及丘陵缓坡地带。

(2) 主要性状及生产性能　该土壤所处地区为本县东南部降雨量较多，自然植被较好的丘陵坡地。全剖面由于水化作用呈黄色，表土层较为深厚，多为砂壤土，碎状结构，棕灰色或灰色，易耕作，磷、钾缺乏，偏酸。据 2 个土壤样品分析结果：有机质含量 1.96%～2.39%，平均含量 2.27%；全氮平均含量 0.095%；全磷含量 0.033%～0.042%，平均含量 0.036%；全钾含量 0.81%～1.85%，平均含量 1.55%；速效磷平均含量 5mg/kg；速效钾平均含量 43mg/kg；pH 5.0～5.7。

第三节　紫色土土类

紫色土是有鲜明的紫色特征的土壤类型，占自然土壤的 1.15%。成土母质为紫色砂岩风化物，主要分布于北部松涛至黎母山地区的大保一带的低矮残丘山岗。自然植被多为灌木草本植物，覆盖度较低。本土类有酸性紫色土一个亚类，酸性紫色土和紫土地两个土属，六个土种。

酸性紫色土亚类土壤占自然土壤的 1.15%，其成土母质为紫色砂岩风化物残坡积物，心土层呈鲜明的紫色特征，按土壤的酸性程度和利用情况，分为酸性紫色土和紫土地两个土属。

1. 酸性紫色土土属

该土属面积占自然土壤的 0.77%。本土属分为厚厚层酸性紫色土、厚中层酸性紫色土、厚薄层酸性紫色土、薄中层酸性紫色土、中厚层酸性紫色土五个土种。以厚中层酸性紫色土为典型土种进行介绍：

(1) 归属和分布　系紫色土土类，酸性紫色土亚类，酸性紫色土土属。主要分布于本县北部松涛至黎母山地区的大保一带的低矮残丘山岗地带。

(2) 主要性状及生产性能　表层质地较轻，多属砂壤至轻壤土，酸性反应，结构疏松，易受侵蚀蒸发快，易受旱，吸热性强，爽水，发育层次不明显，土层呈紫棕色，常有母岩碎片。据县第 892 号剖面土样分析结果：有机质含量 1.96%，全氮含量 0.120%，全磷含量 0.086%，全钾含量 3.86%，碱解氮含量

87mg/kg，速效磷含量 15mg/kg，速效钾含量 79mg/kg，pH 4.7。

2. 紫土地土属

该土属只有紫砂土地一个土种。

(1) 归属和分布　系紫色土土类，酸性紫色土亚类，紫土地土属。主要分布于本县黎母山、松涛等区域的低丘台地缓坡上。

(2) 主要性状及生产性能　表土层 10～16cm，紫棕色或棕紫色，碎状结构，砂土或轻壤土。据 2 个样分析结果：有机质含量 0.59%～2.05%，平均含量 0.78%；全氮含量 0.039%～0.145%，平均含量 0.053%；全磷含量 0.034%～0.066%，平均含量 0.038%；全钾含量 0.75%；速效磷含量 16～23mg/kg，平均含量 17mg/kg；速效钾含量 21～67mg/kg，平均含量 47mg/kg；pH 5.7～6.0。主要种植花生、豆类、番薯及松树和营造速生丰产林。

第四节　红色石灰土土类

该土类占自然土壤的 0.048%，成土母质为石灰岩风化物，主要分布于什运西部和毛阳东部牙力村沿昌化江一带的山丘上，自然植被为灌木草本群落，只有红色石灰土一个亚类。

红色石灰土亚类分红色石灰土和红火泥地两个土属，两个土种。

1. 红色石灰土土属

该土属面积占自然土壤的 0.046%，仅有中中层红色石灰土一个土种。

(1) 归属和分布　红色石灰土土类，红色石灰土亚类，红色石灰土土属。主要分布于毛阳镇牙力村。

(2) 主要性状及生产性能　表层质地多为砂壤土，较均匀，土层呈棕红色，由于淋溶作用，土壤呈碱性反应，养分均中等。据第 632 号土壤剖面样品土样分析结果：有机质含量 2.73%，全氮含量 0.129%，全磷含量 0.080%，全钾含量 1.89%，碱解氮含量 95mg/kg，速效磷含量 4mg/kg，速效钾含量 75mg/kg，pH 7.5。

2. 红火泥地土属

该土属只有红砂泥地一个土种，面积较小。

(1) 归属和分布　红色石灰土土类，红色石灰土亚类，红火泥地土属。主要分布于本县毛阳镇牙力村与什运交界地带。

(2) 主要性状及生产性能　表层较深厚，砂壤土，易耕作，肥力中等，磷钾缺乏，土壤偏碱。表层有机质含量 2.44%，全氮含量 0.134%，全磷含量 0.095%，全钾含量 3.21%，碱解氮含量 90mg/kg，速效磷含量 2mg/kg，速效钾含量 28mg/kg，pH 7.4。种植豆科作物和番茄轮作，是提高该土种土壤肥力的重要农业措施。

第五节 赤红壤土类

赤红壤是全县自然土壤分布面积最大的土类之一，仅次于砖红壤，占自然土壤的30.8%。分布于海拔400~750m的山地，自然植被为灌木草坡及沟谷季雨林，成土母质以花岗岩及砂页岩风化物为主。按气候、植被、剖面形态特征，划分为赤红壤和黄色赤红壤两个亚类，六个土属，十九个土种。

一、赤红壤亚类

该亚类土壤占自然土壤的22.9%。成土母质为花岗岩风化物，分为麻赤红壤、页赤红壤、麻赤红土地、页赤红土地四个土属，十五个土种。

1. 麻赤红壤土属

该土属面积占自然土壤的15.7%。全县各乡镇都有分布，植被覆盖较好，有机质含量中等。分厚厚层麻赤红壤、厚中层麻赤红壤、薄厚层麻赤红壤、薄中层麻赤红壤、中厚层麻赤红壤、中中层麻赤红壤、中薄层麻赤红壤七个土种。其中，中厚层麻赤红壤的面积最大。以中厚层麻赤红壤为典型土种进行介绍：

（1）归属和分布　系赤红壤土类，赤红壤亚类，麻赤红壤土属。主要分布在各乡镇高丘或低山海拔400~750m的地带，以五指山、毛阳、什运、营根、红毛的面积较大，营根镇朝参村什足岭的剖面最为典型。

（2）主要性状及生产性能　质地砂壤至中壤土，表层含石英粗粒较多，往下越深，黏粒越多，越紧实。据4个土样分析结果，土壤有机质含量1.73%~4.76%，平均含量3.02%；全氮含量0.095%~0.191%；全磷含量0.070%~0.142%，平均含量0.106%；全钾含量2.68%~5.00%，平均含量3.94%；速效磷含量3~24mg/kg，平均含量17mg/kg；速效钾含量52~260mg/kg，平均含量204mg/kg；pH 5.1~5.6。作为水源保护林，建议加大保护力度，严禁毁林垦地。

2. 页赤红壤土属

该土属面积占自然土壤的2.2%。主要分布在西北部的马域岭、鹦哥岭、割菜岭等砂页岩地段，自然植被为灌木草坡，少数为次生林。分厚中层页赤红壤、厚薄层页赤红壤、中厚层页赤红壤、中中层页赤红壤、中薄层页赤红壤和薄薄层页赤红壤六个土种，以中厚层页赤红壤为主要代表进行具体介绍：

(1) 归属和分布　系赤红壤土类，赤红壤亚类，页赤红壤土属。主要分布在红岛农场与中平镇交界地带的高丘或低山，以什寒村空世岭的剖面最为典型。

(2) 主要性状及生产性能　质地多为轻壤至中壤，表土层多为块状结构，心土层呈灰黄色，质地较细，均匀，一般肥力较高。据县土717号土样分析结果：有机质含量3.20%，全氮含量0.121%，全磷含量0.058%，全钾含量3.13%，速效磷含量4mg/kg，速效钾含量74mg/kg，pH值5.0。

3. 麻赤红土地土属

该土属面积占自然土壤的0.11%，只有麻赤红砂泥地一个土种。

(1) 归属和分布　系赤红壤土类，赤红壤亚类，麻赤红土地土属。该土种由花岗岩发育的赤红壤经开垦后形成，主要分布在五指山及各乡镇海拔400m以上的赤红地段。

(2) 主要性状及生产性能　表土层质地轻壤至中壤土，土层较深厚，土壤偏酸。据3个土样分析结果：有机质含量2.44%～3.51%，平均含量3.50%；全氮含量0.119%～0.169%，平均含量0.149%；全磷含量0.050%～0.147%，平均含量0.107%；全钾含量2.01%～4.26%，平均含量2.96%；碱解氮含量90～360mg/kg，平均含量355mg/kg；速效磷含量3～15mg/kg，平均含量11mg/kg；速效钾含量28～130mg/kg，平均含量128mg/kg；pH 5.0。

4. 页赤红土地土属

该土属面积较小，只有页赤红砂泥地一个土种。

(1) 归属和分布　系赤红壤土类，赤红壤亚类，页赤红土地土属。该土种由砂页岩发育的赤红壤开垦后形成，主要分布在红毛什寒一带。

(2) 主要性状及生产性能　表层质地砂壤土至轻壤土，一般较浅薄，养分较低，土壤酸性，农作物产量较低。有机质含量1.76%，全氮含量0.113%，全磷含量0.041%，速效磷含量8mg/kg，速效钾含量42mg/kg，pH 5.1。生产中要防止水土流失，增施有机肥料。

二、黄色赤红壤亚类

该亚类土壤占自然土壤的7.9%。主要分布在本县东南部的中平、和平、吊罗山等乡镇，以及红岛农场的红岭、岭头的高丘或低山海拔400～750m地带。成土母质为花岗岩风化物，自然植被多为灌木草坡或杂木林，酸性较大。本亚类有麻黄色赤红壤和麻黄赤红土地两个土属，四个土种。

1. 麻黄色赤红壤土属

该土属面积占自然土壤的 7.8%。分厚厚层麻黄色赤红壤、中厚层麻黄色赤红壤、薄厚层麻黄色赤红壤三个土种。以中厚层麻黄色赤红壤为典型土种进行介绍：

（1）归属和分布　系赤红壤土类，黄色赤红壤亚类，麻黄色赤红壤土属。主要分布在红岛农场海拔 400~750m 的地带，以岭头村的面积最大、剖面最为典型。

（2）主要性状及生产性能　有机质层 16cm，砂壤至轻壤土，碎块状结构，心土层为黄棕色。据 2 个土样分析结果：有机质含量 2.61%~3.87%，平均含量 2.63%；全氮含量 0.108%~0.190%，平均含量 0.110%；全磷含量 0.059%~0.109%，平均含量 0.060%；全钾含量 2.89%~3.89%，平均含量 3.87%；碱解氮平均含量 128mg/kg；速效磷含量 3~5mg/kg，平均含量 3mg/kg；速效钾含量 142~164mg/kg，平均含量 142mg/kg；pH 4.9~5.0。

2. 麻黄赤红土地土属

该土属面积很小，约占自然土壤的 0.1%。仅有麻黄赤红砂泥地一个土种。

（1）归属和分布　系赤红壤土类，黄色赤红壤亚类，麻黄赤红土地土属。主要分布在中平、和平、红岛海拔 400~750m 的地带。

（2）主要性状及生产性能　表土层质地多为砂壤，土层较深厚，肥力较高，宜种性较广。据县第 188 号剖面化验分析，耕层有机质含量 2.61%，全氮含量 0.108%，全磷含量 0.059%，全钾含量 3.89%，速效磷含量 3mg/kg，速效钾含量 142mg/kg。建议不断增施有机质肥料改良土壤，同时增施磷肥，提高作物产量。

第六节　黄壤土类

黄壤占自然土壤的 11.0%。成土母质为花岗岩或砂页岩的风化物。主要分布于海拔 750~1600m 地段，自然植被为森林或草坡，覆盖良好。由于所处地理位置高，云雾多，湿度大，除表层有机质积聚明显外，心土出现大量游离氧化铁与水结合形成的水化铁，土壤呈酸性反应，土体呈黄色。本土类因气候、母质、植被等的差异，分两个亚类，四个土属，二十一个土种。海拔 1000m 以上地段，由于受强烈淋溶作用，发育为灰化黄壤亚类，1000m 以下为黄壤亚类。

一、灰化黄壤亚类

该亚类土壤占自然土壤的 3.74%。主要分布在五指山、鹦哥岭、南茂岭、黎母山、马域岭海拔 1000m 以上地段。主要特点是由于淋溶作用，在表层之下有一层灰白色或黄灰色的灰化层，自然植被为原始森林，因母质上的不同，分页灰化黄壤、麻灰化黄壤两个土属。

1. 页灰化黄壤土属

该土属面积占自然土壤的 2.8%。成土母质为砂页岩风化物，主要分布在五指山、鹦哥岭、马域岭。根据土层厚度，分厚厚层页灰化黄壤、中厚层页灰化黄壤、薄厚层页灰化黄壤、中中层页灰化黄壤四个土种，以中厚层页灰化黄壤为代表进行具体介绍：

（1）归属和分布　系黄壤土类，灰化黄壤亚类，页灰化黄壤土属。主要分布于五指山、马域岭地区。

（2）主要性状及生产性能　该土种表层有机质含量较丰富，据 2 个剖面土壤样品化验分析：有机质平均含量 7.52%，全氮含量 0.032%，全磷含量 0.030%，全钾含量 1.54%，碱解氮含量 148mg/kg，速效磷含量 31mg/kg，速效钾含量 120mg/kg。肥力高，灰化层的养分由于受到强烈的淋溶作用，被淋洗到土壤下层，尤其磷、钾素更甚。此外，该土属所处地段较高，仍保持着原始森林植被，建议继续封山育林，保护土壤，保护野生动物，促进自然生态平衡。

2. 麻灰化黄壤土属

该土属面积占自然土壤的 0.94%。成土母质为花岗岩风化物，主要分布在南茂岭、黎母山和吊罗山等，因有机质层和土层厚度上的差异，分厚层麻灰化黄壤、中厚层麻灰化黄壤、中薄层麻灰化黄壤、薄中层麻灰化黄壤四个土种。以厚中层麻灰化黄壤为典型土种进行介绍：

（1）归属和分布　系黄壤土类，灰化黄壤亚类，麻灰化黄壤土属。主要分布在中平镇南茂岭海拔 1200m 区域。

（2）主要性状及生产性能　有机质层厚，质地多为砂壤土，疏松，由于土壤处在本县降雨最多地区，淋溶作用十分强烈，养分被淋洗到土壤下层去，土层中等厚度。有机质含量 4.12%，全氮含量 0.191%，全磷含量 0.007%，速效磷含量 4mg/kg，速效钾含量 38mg/kg，pH 4.1。该土种所处海拔较高地区，长期保持着原始森林植被，继续封山育林、保护土壤、保护野生动物、促进自然生态平衡是今后的方向。

二、黄壤亚类

该亚类土壤占自然土壤的7.26%。分布于灰化黄壤亚类之下海拔750~1000m之间地段，成土母质为花岗岩或砂页岩的风化物。自然植被受人为破坏，已沦为残次林或草坡，由于水土流失较为严重，养分有所下降。根据母质不同分麻黄壤和页黄壤两个土属。

1. 麻黄壤土属

该土属面积占自然土壤的4.43%。成土母质为花岗岩风化物，主要分布于吊罗山、黎母山、三角山、南茂岭等。分厚厚层麻黄壤、厚中层麻黄壤、厚薄层麻黄壤、薄厚层麻黄壤、中厚层麻黄壤、中中层麻黄壤六个土种。以厚中层麻黄壤为典型土种进行介绍：

（1）归属和分布 系黄壤土类，黄壤亚类，麻黄壤土属。主要分布在黎母岭海拔950m地区。

（2）主要性状及生产性能 据县第847号剖面土壤样品分析结果：有机质层深厚，质地偏砂，肥力中上，丰富，磷缺乏，土壤偏酸，有机质含量3.21%，全氮含量0.13%，全磷含量0.067%，速效磷含量5mg/kg，速效钾含量114mg/kg，pH 4.4。改良利用意见：控制砍伐量，保持自然生态平衡，防止水土流失。

2. 页黄壤土属

该土属面积占自然土壤的2.76%。成土母质为砂页岩风化物，主要分布于鹦哥岭、马域岭、五指山峰，以及与白沙县交界山岭海拔750~1000m之间的地段。自然植被多为草坡，部分为次生林，在交通不便、地势较险要、坡度较大的有机质层较厚，一般以中、薄层居多。土层以中厚层为主，分厚中层页黄壤、中厚层页黄壤、中中层页黄壤、中薄层页黄壤、厚厚层页黄壤、薄中层页黄壤、薄厚层页黄壤七个土种。以中厚层页黄壤为典型土种进行介绍：

（1）归属和分布 系黄壤土类，黄壤亚类，页黄壤土属。主要分布于鹦哥岭海拔950m地区，自然植被为草坡。

（2）主要性状及生产性能 该土种有机质层薄至中层，轻壤至中壤土，土层中至厚层，养分含量较丰富。据县第700号剖面土壤样品分析结果：表层有机质含量5.19%，全氮含量0.330%，全磷含量0.083%，速效磷含量19mg/kg，速效钾含量90mg/kg，pH 4.3。

第七节　南方山地灌丛草甸土土类

南方山地灌丛草甸土面积约 5000 亩，占自然土壤的 0.13%。成土母质为砂页岩风化物；由于气温低，湿度大，风力强，乔木难生长，自然植被为高山灌木草甸，有机质积聚十分明显。本土类只有一个亚类，一个土属，一个土种，即南方山地灌丛草甸亚土类，南方山地灌丛草甸土土属，南方山地灌丛草甸土土种。

（1）归属和分布　系南方山地灌丛草甸土土类，南方山地灌丛草甸土亚类，南方山地灌丛草甸土土属。主要分布在五指山峰和鹦哥岭海拔 1600m 以上的高山顶部。

（2）主要性状及生产性能　有机质层厚而土层浅薄，强酸性，有机质含量极其丰富。据县第 428 号剖面土壤化验结果：有机质含量高达 8.48%，全氮含量 0.430%，全磷含量 0.056%，全钾含量 0.94%，碱解氮含量 163mg/kg，速效磷含量 38mg/kg，速效钾含量 142mg/kg，pH 4.1。由于地处本县海拔最高峰之顶，可作为自然风景保护区，应切实做好封山护林，保持水土，保护自然景观。

土壤典型剖面图

第四章
耕地质量调查与评价方法

《耕地地力调查与质量评价技术规程》（NY/T 1634—2008）中对耕地质量描述为"能够满足作物生长和清洁生产的程度，包括耕地地力和耕地环境质量两方面"，而后《耕地质量划分规范》（NY/T 2872—2015）对耕地质量的描述进行了补充完善，定义为"耕地质量是指由耕地地力、土壤健康状况和田间基础设施构成的满足农产品持续产出和质量安全的能力"。尽管耕地质量概念随着时间的推移，也在逐渐完善和全面，但无论概念如何变化，其核心都包含了三大主要因素：一是耕地地力，即在当前管理水平下，由土壤立地条件、自然属性等相关要素构成的耕地生产能力；二是土壤健康状况，即土壤作为一个动态生命系统具有的维持其功能的持续能力，用清洁程度、生物多样性表示（清洁程度反映了土壤受重金属、农药和农膜残留等有毒有害物质影响的程度；生物多样性反映了土壤生命力丰富程度）；三是田间基础设施，包括保证耕地的灌溉、排水设施和田间通达道路等。

耕地是最基本的、不可替代的重要农业生产要素，是保持社会和国民经济可持续发展的重要资源。因此，保护耕地是我国的基本国策，及时掌握耕地资源的数量、质量及其变化情况对合理规划和利用耕地，切实保护耕地有十分重要的意义。《耕地质量等级》（GB/T 33469—2016）从农业生产角度出发，通过综合指数法对耕地地力、土壤健康状况和田间基础设施构成的满足农产品持续产出和质量安全的能力进行评价，并划分出10个耕地质量等级，耕地质量综合指数越大，耕地质量水平越高，一级地耕地质量最高，十级地耕地质量最低。此次工作依据《耕地质量调查监测与评价办法》（农业部令2016年第2号）和《耕地质量等级》（GB/T 33469—2016），对琼中县开展耕地资源调查与质量等级评价，旨在了解琼中县耕地质量等级状况，为耕地资源的高效利用和可持续利用提供科学依据。

第一节 准备工作

一、组织准备

1. 成立领导小组

为了项目的顺利实施，成立了由分管农业副县长担任组长，科技、财务、审计、农业、科研等部门主要负责人为成员的项目领导小组，以负责项目组织领导、监督检查和验收。项目的具体实施由县农技部门负责，包括技术咨询培训、土壤样品的采集与化验分析、资料收集整理、评价结果的验证，并负责编写总结材料呈报县、省农业主管部门。

2. 成立专家小组

为增强项目实施的技术力量，由县农业技术推广服务中心聘请省农科院、海南大学和省土肥总站等相关单位的土肥专家组成技术指导专家小组。负责技术指导培训、评价质量控制、业务咨询等工作。

3. 成立工作小组

为保证项目有序实施，做到各环节、各项工作、各时期均有专人负责，专门成立工作小组，分为资料收集小组、样品采集与调查小组、土样化验小组和报告撰写小组。资料收集小组：负责相关资料的收集整理。样品采集与调查小组：负责琼中县土壤样品采集、地块情况调查与农户施肥情况的调查和记录工作。样品采集与调查小组：一是负责全县耕地质量评价布设点位的土壤样品采集和调查工作；二是负责运用数据汇总系统，完成《采样地块基本情况调查表》和《农户施肥情况调查表》等项目实施中的所有表格数据的录入工作。土样化验小组：负责所采集土壤样品的相关化验检测工作。报告撰写小组：负责调查评价报告的撰写工作。

二、物质准备

1. 野外调查及采样工具

根据《耕地地力调查与质量评价技术规程》（NY/T 1634—2008）的要求，

进行了充分物质准备，田间采样工具包括铁铲、木铲、土袋、不锈钢土钻、环刀（测定土壤容重用，钢制，容积 $100cm^3$，包括环刀和环刀托两部分，上有 2 个小排水孔）等；观察记载设备主要包括野外调查表格、照相机、手持 GPS 定位仪以及土壤理化性状速测仪等。

2. 分析测试设备

以现有土肥检测设备为基础，添置必要的测试仪器、玻璃仪器和化学试剂，对仪器进行检修和标定等；购买土壤养分检测分析标准物质，制备土壤参比样等，确定统一的分析方法和质量控制标准。

3. 硬件及管理软件

硬件包括地理信息系统工作站、计算机、数字化仪、打印机、工程扫描仪（A0）、彩色喷墨绘图仪（A0）、手持 GPS 定位仪等。软件主要包括地理信息系统软件（如 ArcGIS、QGIS 等）、操作系统（Windows 10、Windows 7 等）、数据库管理（如 ACCESS）、数据统计分析（如 SPSS、SAS）等应用软件。

三、资料准备

1. 基础图件资料

琼中县 1∶50000 比例尺的地形图、土地利用现状图、土壤类型分布图、基本农田保护区图等矢量资料。

2. 统计数据资料

收集农村及农业生产基本情况资料，近三年主要粮食作物、主要农作物品种、产量构成资料，各种农作物种植面积统计资料（以村为单位），粮食单产、总产，基本农田保护区地块登记表及数据统计资料，历年土壤质量监测点田间记载及检测结果资料，主要农作物种植类型以及名、特、优特色农产品分布、数量等资料，主要污染源调查情况统计表，包括点清源污染、面源污染类型、污染方式、污染强度等。

3. 其他文字资料

主要收集琼中县第二次全国土壤普查有关文字报告、数据资料，琼中县近 5 年的气象资料、农业产业发展相关统计资料，包括粮食种植面积、品种、产量等，以及耕地有效灌溉面积、灌溉水保证率，农药化肥使用量监测情况，土壤肥力动态监测、基础农田设施等情况资料。

4. 相关文件和技术标准

①《耕地质量等级》(GB/T 33469—2016)。

②《耕地质量调查监测与评价办法》(农业部令 2016 年第 2 号)。

③《耕地地力调查与质量评价技术规程》(NY/T 1634—2008)。

④ 农业农村部耕地质量监测保护中心关于印发《全国耕地质量等级评价指标体系》的通知(耕地评价函〔2019〕87 号)。

第二节 室内研究

一、采样点位布设

1. 布点和采样原则

为了使土壤调查所获取的信息具有一定的典型性和代表性,提高工作效率,节省人力和资金,在布点和采样时主要遵循了以下原则:一是布点具有广泛的代表性,同时兼顾均匀性;二是耕地地力调查与土壤污染调查布点相结合,适当加大采样点密度;三是尽可能在全国第二次土壤普查时的剖面或农化样取样点上布点;四是采集的样品要具有典型性,能代表其对应的评价单元最明显、最稳定、最典型的特征,避免各种非调查因素的影响;五是所调查农户不在同一地点的多块或同一地点种植不同作物时,应按照事先所确定的该点位的基本条件,只在符合要求的同一块地内取样。

2. 布点方法

(1) 大田土样布点方法 充分利用县级比例尺 1∶50000 的《土壤类型分布图》《土地利用现状图》和《基本农田保护区图》,将三图进行空间叠加产生的图斑作为取样点(即地力评价单元),从而确定地类界线,土壤类型属性以及图斑面积数据等,并逐一进行编号。样点位置基本上与全国第二次土壤普查的采样点相符合。

(2) 土壤污染调查布点方法 琼中县境内基本无工矿污染,污染调查主要考虑农业面源污染,其中以水田和蔬菜地作为重点。

(3) 土壤容重样布点方法 容重样的布点原则上每个土种都必须顾及,耕地面积小的土种上 1∶50000 的图斑很小,可以归并到其他耕地面积较大物理性质相似的土种。

二、采样方法与工具

1. 大田土样采样方法

（1）采集时间　在2021年10月中旬水稻收割后进行，按叠加图上确定的调查点位去野外采样，采集耕层（0~25cm）和亚耕层（25~50cm）的土壤。通过向农民实地了解当地的农业生产情况，确定最具代表性的同一农户的同一块田采样，田块面积均在670m^2以上，并用GPS仪确定地理坐标和海拔高程，依次修正点位图上的点位位置。

（2）调查和取样　向已确定采样田块的户主，按调查表格的内容逐项进行调查访问。调查严格遵循实事求是的原则，对那些讲述不清楚的农户，通过访问地力水平相当、位置基本一致的其他农户或对实物进行核对推算。采样采用X法、S法、棋盘法等多种形式的任何一种，均匀随机采取10~15个以上采样点，土样充分混合后，四分法留取1kg左右组成一个土壤样品。

（3）采样工具　用铲刀和不锈钢土钻。一袋土样填写两张标签，内外各一张。标签主要内容为：样品野外编号、采样深度、采样地点、采样时间、采样人等。采样同时，填写大田采样点基本情况调查表和大田采样点农户调查表。

2. 蔬菜地土样采样方法

（1）采集时间　保护地在主导蔬菜收获后的凉棚期间采样。露天菜地在主导蔬菜收获后、下茬蔬菜施肥前采样。

（2）野外采样地块确定　根据点位图，到点位所在的村庄向农民实地了解当地蔬菜地的设施类型、棚龄或种菜的年限、主要蔬菜种类，确定具有代表性的田块进行采样。采样点所在区域蔬菜种植要相对集中连片，面积达6hm^2以上，种植年限在2年以上。用GPS仪进行定位，依次修正点位图上的点位位置。若确定的菜地与事先确定的布点目标不一致，要将其情况向技术组说明，以便调整。

（3）调查与取样　向已确定采样田块的户主，按调查表格内容逐项进行调查访问，并在该田块里采集土样。耕层样采样深度为0~25cm，亚耕层样采样深度为25~50cm。耕层及亚耕层样采用X法、S法、棋盘法等多种形式的任何一种，均匀随机采取15~20个以上采样点。按照蔬菜地的沟、垄面积比例确定沟、垄取土点位的数量，土样充分混合后，四分法留取1.5kg。其他同大田土样采集。

3. 污染调查土样采样方法

琼中县由于工矿区少，一般没有面源污染，污染调查主要是农药和化肥过量使用造成的污染，所以，污染土样采样主要选择蔬菜地。

野外确定采土地点，根据调查了解的实际情况，修正点位图上的点位置。

根据面积大小，确定采样点的布设方法。面积较小、地势平坦时采用梅花布点法；面积较大、地势较复杂的采用 S 布点法。每个样品一般由 10～15 个采样点组成，面积大的适当增加采样点。采样深度一般为 0～20cm。采样同时对采样地环境情况进行调查。

4. 果园土样采集方法

根据点位图所在位置到所在的村庄向农民实地了解当地果园品种、树龄等情况，确定具有代表性的同一农户的同一果园地进行采样。用 GPS 仪定位，依次修正位图上的点位位置。采样深度为 0～40cm。采样同时，做好采样点调查记录。

5. 土壤容重采样方法

大田土壤选择 5～15cm 土层打环刀，打三个环刀。蔬菜地普通样品在 10～25cm。剖面样品在每层中部位置打环刀，每层打三个环刀。土壤容重点位和大田样点、蔬菜样点或土壤质量调查样点相吻合。

三、采样点调查内容

通过野外实地考察和农户调查，收集耕地采样点的地理位置、土壤类型、地形地貌、土壤理化性状、农田设施、生产性能、施肥情况、管理措施、种植制度、产量水平、投入与产出等基本情况。按照统一的标准和用词填写采样点的基本情况调查表和农户调查表，并将野外调查产生的调查数据经技术负责人审核后，由专业人员按照数据库要求进行编码、整理和录入。通过耕地土壤采样分析，调查海南耕地土壤的质地、容重、pH、有机质、阳离子交换量、缓效钾、速效钾、全钾、全氮、碱解氮、全磷、有效磷、有效锌、交换性钙镁等理化性状，详见表 4-1。耕地质量调查指标属性划分见表 4-2。

对于不能直接调查获取的信息，主要运用以下方式获取：一是利用第二次投入普查和土地利用详查等现有资料，通过收集整理而来；二是采用以点带面的调查方法，经过实地调查访问农户获得；三是将所有有限资料、农户生产管理情况调查资料、分析数据录入计算机中，并经过矢量化处理形成数字化图件，插值并经区域统计等措施让每个评价单位均附上相关属性。

表 4-1 耕地质量等级变更调查内容

非数据类项目	数据类项目	非数据类项目	数据类项目
统一编号	障碍层深度/cm	地貌类型	有效铁/(mg/kg)
省（市）名	障碍层厚度/cm	地形部位	有效锰/(mg/kg)
地市名	有效土层厚度/cm	灌溉能力	有效硼/(mg/kg)
县（区、市、农场）名	耕层厚度/cm	灌溉方式	有效钼/(mg/kg)
乡镇名	有机质/(g/kg)	水源类型	有效硫/(mg/kg)
村名	耕层土壤容重/(g/cm^3)	排水能力	有效硅/(mg/kg)
主栽作物名称	经度/(°)	耕层质地	铬/(mg/kg)
质地构型	纬度/(°)	熟制	镉/(mg/kg)
常年耕作制度	全氮/(g/kg)	生物多样性	铅/(mg/kg)
土类	有效磷/(mg/kg)	农田林网化程度	砷/(mg/kg)
亚类	速效钾/(mg/kg)	障碍因素	汞/(mg/kg)
土属	土壤 pH	障碍层类型	年产量/(kg/亩)
土种	缓效钾/(mg/kg)		有效锌/(mg/kg)
成土母质	有效铜/(mg/kg)		采样年份

表 4-2 耕地质量调查指标属性划分表

调查指标	属性划分
成土母质	湖相沉积物、江海相沉积物、第四纪红土、残坡积物、洪冲积物、河流冲积物、火山堆积物
地貌类型	平原、山地、丘陵、盆地
地形部位	平原低阶、平原中阶、平原高阶、宽谷盆地、山间盆地、丘陵下部、丘陵中部、丘陵上部、山地坡下、山地坡中、山地坡上
灌溉方式	沟灌、漫灌、喷灌、滴灌、无灌溉条件
水源类型	地表水、地下水
熟制类型	一年一熟、一年两熟、一年三熟、一年多熟、常年生
主栽作物	水稻、蔬菜、甘蔗、玉米、甘薯
有效土层厚度/cm	≥0、60~100、<60
耕层质地	中壤、重壤、砂壤、轻壤、砂土、黏土
质地构型	上松下紧型、海绵型、松散型、紧实型、夹层型、上紧下松型、薄层型
生物多样性	丰富、一般、不丰富
清洁程度	清洁、尚清洁
障碍因素	侵蚀、砂化、酸化、瘠薄、潜育化、盐渍化、无障碍层次
灌溉能力	充分满足、满足、基本满足、不满足
排水能力	充分满足、满足、基本满足、不满足
农田林网化	高、中、低

四、土样分析项目和方法

1. 物理性状
土壤容重。

2. 化学性状
（1）土壤样品分析项目　包括土壤pH、有机质、全氮、有效磷、速效钾、有效态（铜、锌、铁、锰、硼、钼、硅、钙、镁、硫）。

（2）土壤污染调查样品分析项目　包括土壤pH、铅、镉、汞、砷、铬、镍、铜、锌等。

3. 分析方法
参考全国农业技术推广服务中心编制的《土壤分析技术规范（第二版）》和《全国土壤污染状况详查土壤样品分析测试方法技术规定》实施。具体分析方法如表4-3。

表4-3　土壤样品分析项目和方法

分析项目	分析方法
土壤容重	环刀法
土壤pH	玻璃电极法
有机质	重铬酸钾-硫酸溶液-钼锑抗比色法
有效磷	氟化铵-盐酸提取-钼锑抗比色法
速效钾	乙酸铵提取-火焰光度法
全氮	半微量开氏法
有效性铜、锌、铁、锰	0.1mol/L盐酸提取-原子吸收光谱法
有效钼	草酸-草酸铵提取-极谱法
水溶性硼	姜黄素比色法
有效硫	磷酸盐-乙酸提取，硫酸钡比浊法
有效硅	柠檬酸浸提-硅钼蓝比色法
交换性钙和镁	乙酸铵-原子吸收光谱法
土壤镉、铅、铬、铜、锌、汞和镍	电感耦合等离子体发射光谱法
土壤砷	原子荧光光谱法

第三节 质量控制

一、外业调查采样质量控制

调查与样品采集是耕地质量调查与评价的重要组成部分,调查内容的选择、采样地点的确定与采样点数量的多少直接关系到耕地质量评价的精度,掌握布点、采样、调查等技术,既能满足耕地质量评价对采样数量、样品代表性的要求,又可以减少野外调查、采样的工作量,节省经费和时间。

(一) 调查方法

一是大田(包括菜地)采样点的自然条件与农业生产情况调查,内容包括地形地貌、成土母质、水文气象、土壤性状、农田设施、生产性能与管理、施肥水平、投入产出等情况;二是污染源基本情况调查,内容包括污染类型、污染范围及面积、污染造成的危害及经济损失等。调查情况分别填入《大田采样点基本情况调查表》《大田采样点农户调查表》《污染源基本情况调查表》《蔬菜地采样点基本情况调查表》《蔬菜地采样点农户调查表》。

1. 采样

利用土壤图、土地利用现状图、基本农田保护区块图叠加形成评价单元图,确定好评价单元;再根据当地实际,确定不同评价内容的采样点。并根据采样要求,在选定的地点采集土壤样、植株样和水样,同时填写有关表格。此次共采集土壤样本2419个土样,有43个耕层和亚耕层土样。此外还采集了25个土壤污染评价土壤样品。

2. 调查采样的质量控制

样品采集是耕地质量评价最重要的一个环节,样品的代表性、典型性和均匀性直接关系到后续分析数据的准确性和可靠性。在采样工作前,审核点位图,确保样点设置合理。在采样过程中,组织有经验的专家和技术人员到野外实地抽查5%~10%的调查采样点位的相关填报资料,对采样方法、采样记录、自然景观、农业生产状况一一核对,严格审查,对于审查不符合采样要求的样点要进行重新采样。

在调查采样过程中要着重注意以下几个环节:

(1) 采样时间　对于种植水稻的耕地,一般在6月或9月中下旬水稻收割后进行；对于轮作的耕地，要在农户起垄施肥前进行。

(2) 点位确定　若指定采样区域不具备采样条件，需就近选择符合条件的替代点，进行样点现场调整和调查采样，同时记录变更后样点的经纬度，以及点位所在地块农户的相关农业生产管理情况。

(3) 正确采样　室内调查采样点确定之后，外业队伍在野外根据实际情况，避开道路、复杂地形、复杂多变的土壤类型、人为干扰（如粪堆、坟堆、肥堆）和社会干扰（井台、渠边、污染地带）后，以预布设的点位为中心，随机、科学地采集符合数量、重量、层次或深度要求的表层土样和剖面土样。检查样品采集是否符合要求，判断土样是否沾污，观察剖面方向及剖面深度、剖面发生层划分及命名、剖面形态观察与记载、剖面发生层样品采集、剖面纸盒样品采集、整段标本采集等是否符合要求。如发现问题，及时采取补救或更正措施。

(4) 样品标识　样品按照检测项目要求，分类包装并明确标志，检查样品标志是否符合要求，标签是否清晰、内外标签是否齐全、内容是否完整。剖面整段标本要保证运输过程中完整性，避免挤压颠簸造成原状样本破碎。如发现问题，及时采取补救或更正措施。

(5) 四个"统一"　严格采样标准，实行四个"统一"，即统一采用取土工具、统一取样深度、统一采取样点、统一用 GPS 定位。

(二) 调查项目

1. 基本情况调查项目

(1) 采样地点和地块　地址名称采用民政部门认可的正式名称。地块采用当地的通俗名称。

(2) 经纬度和海拔高度　记录手持 GPS 仪上的相关数据。

(3) 地形地貌　以形态特征划分为五大地貌类型，即山地、丘陵、平原、高原及盆地。

(4) 地形部位　指中小地貌单元。主要包括河漫滩、一级阶地、二级阶地、高阶地、坡地、梁地、山地、沟谷、河槽地等。

(5) 坡度　将调查点位的坡度分为：<2.00°、2.10°～5.00°、5.10°～8.00°、8.10°～15.00°、15.10°～25.00°、≥25.00°六个等级。

(6) 侵蚀情况　按侵蚀种类和侵蚀程度记载，根据土壤侵蚀类型可划分为水蚀、风蚀、重力侵蚀、混合侵蚀等，按侵蚀程度通常分为微度、轻度、中度、强度、极强度、剧烈等 6 级。

(7) 潜水埋深　该指标反映地下水埋藏深度，分为三个等级：深位（>3～

5m)、中位（2～3m）、浅位（≤2m）。

（8）家庭人口及耕地面积　指每个农户实有的人口数量和种植耕地面积。

2. 土壤性状调查项目

（1）土壤名称　统一按第二次土壤普查时的连续命名法记录，详细到土种。

（2）土壤质地　采用卡庆斯基分类制，分为砂土、轻壤、中壤、重壤、黏土等五级。

（3）质地构型　指不同土层之间质地构造变化情况。一般可分为通体壤、通体黏、通体砂、黏夹砂、底砂、壤夹黏、砂夹砂、多砾、少砾、夹砾、底砾、少姜、多姜等。

（4）耕层厚度　用铁锹垂直铲下去，用钢卷尺按实际进行测量确定。

（5）障碍层次及深度　主要指砂土、黏土、砾石、料姜等所发生的层位、层次及深度。

（6）土壤母质　按成土类型分为残积物、坡积物、冲积物、洪积物等。

3. 农田设施调查项目

（1）地面平整度　按调查田块附近大范围地形坡度分为平整、基本平整和不平整三个等级。

（2）梯田化水平　分为地面平坦、园田化水平高，地面基本平坦、园田化水平较高，高水平梯田，缓坡梯田，新修梯田，坡耕地 6 种类型。

（3）田间输水方式　管道、防渗渠道、土渠。

（4）灌溉方式　漫灌、畦灌、沟灌、滴灌、喷灌等。

（5）灌溉保证率　分为充分满足、基本满足、一般满足、无灌溉条件 4 种情况或按灌溉保证率（％）记录。

（6）排涝能力　分为强、中、弱 3 级。

4. 生产性能与管理情况调查项目

（1）种植（轮作）制度　分为一年一熟、一年两熟、两年三熟等。

（2）作物（蔬菜）种类与产量　指调查地块上年度主要种植作物及其平均产量。

（3）耕翻方式及深度　指翻耕、深松耕、旋耕、耙地、中耕等。

（4）上年度灌溉情况　包括灌溉方式、灌溉次数、年灌水量、水源类型、灌溉费用等。

（5）年度施肥情况　包括有机肥、氮肥、磷肥、钾肥、复合（混）肥、微肥、叶面肥、微生物肥及其他肥料施用情况，有机肥要注明类型，化肥需换算为纯养分计。

（6）上年度生产成本　包括化肥、有机肥、农药、种子（种苗）、人工及其他。

（7）上年度农药施用情况　农药施用次数、品种和数量。

（8）产品销售及收入情况。

（9）蔬菜效益　指当年纯收益。

5. 土壤污染情况调查项目

（1）污染类型　分有机污染、无机污染、生物污染、放射性污染等。

（2）污染范围及面积　估算污染影响的面积。

（3）距污染源距离　指取样的地块中心距污染源的距离。

（4）污染源企业名称及地址　记述污染源企业的相关信息。

（5）污染物类别及排放量。

（6）污染造成的危害　主要指污染对农作物造成的直接危害。

（7）污染造成的经济损失　指因减产、品质下降等造成的年直接经济损失。

(三) 质量控制

野外调查采样是此次调查评价的关键。既要考虑采样的代表性、均匀性，也要考虑采样的典型性。根据本县的地貌特征，分别在不同乡镇、不同地力水平的农田按照规程要求均匀布点，并按图标布点实地核查后进行定点采样。在灌溉水质量调查方面，不仅对涉及的灌溉水系、深浅井分别进行采样，而且对有工业污染的水源进行采样；在菜田调查方面，根据老蔬菜区、新菜区及不同施肥、用药的地块，即能代表全县蔬菜菜地质量情况的典型地块分别进行采样。采取以下主要的技术措施：一是调查采样前，对全县重点土壤全面考察，通过专家研究，确定采样点位；二是根据第二次土壤普查样点布设情况，在原采样点上采样，个别调整；三是采样点确定后，组织专家赴现场进行第二次调查，确定准确位置，然后定点定人采样。整个采样过程严肃、认真，达到规程要求，保证调查采样质量。

二、室内分析化验质量控制

土壤成分分析检测是耕地质量等级评价工作的重要组成部分，是掌握耕地地力和农业环境质量信息，进行农业生产和耕地质量管理的基础，是解决耕地障碍和农业环境质量问题不可或缺的重要手段。分析检测质量主要包括野外调查取样后样品风干及处理与实验室分析化验质量，其质量的控制是调查评价的关键。

(一) 分析项目及方法

土壤样品分析方法具体同表 4-3。

土壤污染样品分析方法见表 4-4。

表 4-4　土壤污染样品分析项目和方法

分析项目	分析方法
pH	玻璃电极法
铅、镉	原子荧光度法
总汞	原子荧光度法
总砷	原子荧光度法
总铬	分光光度法
铅、锌	火焰原子吸光谱法
镍	火焰原子吸光谱法
六六六、滴滴涕	气相色谱法

(二) 人员仪器及内部控制

1. 人员培训

所有参与分析检测的人员和质量检查员均需通过统一组织的集中培训，通过相关考核。

2. 仪器设备检查

承担土壤样品分析的检测实验室应按照方法的要求，配备相应的仪器设备和器具，包括配件和软件，并有计划地给予更新和补充。仪器设备的性能、使用和管理应满足以下要求：

① 仪器设备的功能、量程、正确度（或不确定度，或允许误差）应符合相应的检测方法标准或技术规定的要求。

② 对结果的准确性或有效性有影响的仪器设备，包括辅助测量设备，应有量值溯源计划并定期实施，在有效期内使用。

③ 仪器使用前必须确认其灵敏度、线性和稳定性，并确认易带来测定结果误差的干扰及大小。

④ 大型仪器的操作规程和维护应制定作业指导书，使用人员应经过操作培训，严格按照说明书和操作规程使用。

⑤ 仪器设备的使用环境应满足有关说明书的要求，有湿度、温度、抗干扰要

求的都应予以满足。

⑥ 应做好仪器的运行维护记录。

(三) 质量控制

分析测试环节的质量主要包括样品制备和实验室检测两个环节。

1. 田间调查取样

在采样工作前,由技术组成员对样点布设进行审核,确保样点设置合理。在采样过程中,组织省农科院和省土肥站的技术人员抽查5%～10%的调查采样情况,对不合要求的采样点进行重新采样调查。

2. 实验室基本要求

此次样品分析测试工作由省农垦测试站承担,该站已获得双认证资格。实验室用水用电热蒸馏或石英蒸馏或离子交换等方法制备,符合《分析实验室用水规格和试验方法》(GB/T 6682—2008) 的规定。常规检验使用三级水,配制标准溶液用水、制定项目用水符合二级水要求。

3. 基础实验分析质量控制

① 全程序空白值测定。在每批样品分析中均有空白测定。在整个项目开始前按要求做全程序空白测定。全程空白值测定时,每次做2个平行样,连测5天共得10个测定结果,计算批内标准偏差S_{wb}按式(4-1)计算:

$$S_{wb}=\sqrt{\frac{\sum(X_i-\overline{X})^2}{m(n-1)}} \tag{4-1}$$

式中　n——每天测定平均样个数;

　　　m——分析测定天数;

　　　X_i——第i个测定结果;

　　　$\overline{X}$——所有测定结果的平均值。

② 检出限控制。根据空白值测定的S_{wb}按下列公式计算检出限(95%的置信水平)。

a. 若试样一次测定值与浓度试样一次测定值有显著性差异,检出限(L)按式 (4-2) 计算:

$$L=2\sqrt{2}t_f S_{wb} \tag{4-2}$$

式中　L——检出限,ng/L;

　　　t_f——显著水平为0.05(单侧)自由度为f的t值;

　　　S_{wb}——批内空白值标准值;

f——批内自由度，$f=m(n-1)$，m 为重复测定次数，n 为平行测定次数。

b. 原子吸收分析方法的检出限按式（4-3）计算：

$$L=3S_{wb} \tag{4-3}$$

c. 分光光度法以扣除空白值后的吸光值为 0.010 相对应的浓度值为检出限。

③ 建立校准曲线。标准系列设置 6 个以上的梯度浓度。根据回归方程（4-4）建立标准曲线：

$$y=a+bx \tag{4-4}$$

式中　y——光度，mg/kg；

　　　x——待测液浓度，mg/kg；

　　　a——截距；

　　　b——斜率。

校准曲线控制：每批样品皆需做校准曲线。校准曲线相关系数 $R \geqslant 0.999$，要有良好重现性。即使校准曲线有良好重现性也不得长期使用；待测液浓度过高时不能任意外推；大批量分析时每测 20 个样品也要用一标准液校验，以查仪器灵敏度飘移。

④ 精密度控制

a. 测定率。凡可以进行双样分析的项目，每批样品每个项目分析时做 20% 平行样品，5 个样品以下，应增加到 50% 以上。

b. 测定方式。由分析人员自行编入密码平行样。

c. 合格要求。平行双样测定结果的误差在允许误差范围之内者为合格。平行双样测定全部不合格者，重新进行平行双样的测定；平行双样测定合格率<95%时，除对不合格重新测定外，再增加 10%～20% 的测定率，如此累进，直到总合格率为 95%。

d. 准确度控制。

（a）使用标准样品或质控样品。例行分析中，每批带测质控平行双样，在测定的精密度合格的前提下，质控样测定值必有落在质控样保证值（在 95% 以上置信水平）范围之内，否则本批结果无效，需全部重新分析测定。

（b）加标回收率的测定。当选测的项目标准物质或质控样品时，用加标回收实验来检查测定准确度。在一批试样中，随机抽取 10%～20% 试样进行加标测定。样品数不足 10 个时，适当增加加标比例。每批同类型试样中，加标试样不应小于 1 个。加标量视被测组分的含量而定，含量高的加入被测组分含量的 0.5～1.0 倍，含量低的加 2～3 倍，但加标后被测组分的总量不得超出方法的测定上限。

⑤ 异常结果的检查与核对。在判断一组数据时是否产生异常值，用数理统计

法加以处理观察，采用 Grubb's 法按式（4-5）计算：

$$T_{\text{计}} = \frac{|X_k - X|}{S} \tag{4-5}$$

式中　X_k——怀疑异常值；

　　　X——包括 X_k 在内的一组平均值；

　　　S——包括 X_k 在内的标准差；

　　　$T_{\text{计}}$——测量值或计算结果；

　　　k——测定结果的某一个位置。

根据一组测定结果，从由小到大排列，按上述公式，X_k 可为最大值，也可为最小值。根据计算样本容量 n，查 Grubb's 检验临界值 T_a 表，若 $T_{\text{计}} \geqslant T_{0.01}$，则 X_k 为异常值；若 $T_{\text{计}} \geqslant T_{0.01}$，则 X_k 不是异常值。

对异常结果的产生原因要认真分析，严格区分是由分析中某环节污染或损失造成的，还是由环境污染所引起的。对分析中某环节造成污染或损失，一旦查清则重新分析。若经查或分析无问题，而此时质控样品的准确度和精密度皆符合要求，某点数据偏高，可能是由于环境污染。即使如此，也需作核实复测。超标样品复测时可在下一批样品测定时夹入该平行双样，结果再经异常值判别处理。

⑥ 核实采样。在环境评价中对土壤、水质如发现严控指标有劣于 3 级的，皆需到该点作核实采样，如有 1 处土壤某严控指标劣于 3 级的，则至少需 2 处土壤作核实采样。若 2 处（或 2 处以上）核实土壤分析结果皆与原分析结果接近，在统计学上属同一分布样本则原测定结果不变，若核实土壤分析结果皆低于原测定结果，则表示土壤污染物分布不均匀，按原测定结果和核实土壤测定结果的平均值计算级别。在核实采样测定时只测定某需核实项目，不作全面项目测定。离群值检验用 Grubb's 法，显著性水平 $a = 0.01$。

⑦ 技术培训与交流。正式开始分析前，对参与工作的化验人员进行了为期一周的培训及演练，促使参与人员能在统一的协作分析中保持一致的进度和技术要求。在分析过程中，根据分析中存在的问题多次组织技术交流，改进工作。

(四) 数据录入

分析数据由省土肥站考核审校。将化验室分析数据与采样点一一对应，根据统一规范编码整理、录入。采取二次录入相互对照的方法，保证录入正确率。

第四节　评价原理、流程及指标体系

耕地质量评价是种综合性的多因素评价，它难以用单一因素的方法进行划定，所以就必须选定一种行之有效的方法来对其影响因素进行综合性的分析。目前评价方法很多，所选择的评价指标也不一致。以往评价方法大多人为划分其评价指标的数量级别以及各指标的权重系数，然后利用简单的加法、乘法表进行合成，这些方法简单明确，直观性强，但其正确性在很大程度上取决于评价者的专业水平。近年来，研究者们把模糊数学方法、多元统计方法以及计算机信息处理等方法引入到评价之中，通过对大量信息的处理得出较真实的综合性指标，这在较大程度上避免了评价者自身主观因素的影响。

此次耕地地力评价采用《耕地地力调查与质量评价技术规程》（NY/T 1634—2008）推荐的方法。即通过地理信息（3S）技术建立地理信息系统（GIS）支持下的耕地基础信息系统，对收集的资料进行系统的分析和研究，并综合应用相关分析、因子分析、模糊评价、层次分析等数学原理，结合专家经验并用计算机拟合，插值分析等方法来构建一种定性与定量相结合的耕地生产潜力评价方法。

一、评价原理

目前，耕地质量评价的方法主要包括经验判断指数法、层次分析法、模糊综合评价法、回归分析法、灰色关联度分析法等。此次琼中县耕地质量等级评价是依据《耕地质量等级》（GB/T 33469—2016）国家标准，在对耕地的立地条件、养分状况、耕层理化性状、剖面性状、健康状况进行分析的基础上，充分利用GIS技术，通过空间分析、层次分析、综合指数等方法，对耕地地力、土壤健康状况和田间基础设施构成的满足农产品持续产出和质量安全的能力进行综合评价。

琼中黎族苗族自治县耕地资源调查与质量评价工作所采取的技术路线如图4-1所示。

二、评价依据

1. 数据录入

（1）立地条件

① 成土母质。琼中县土壤成土母质和母岩比较简单，有花岗岩、砂页岩和少量的紫色砂页岩等，琼中县成土母岩以花岗岩为主，花岗岩占90.1%；其次，紫色砂岩占6.0%，砂页岩占3.2%，石灰岩占0.7%。

第四章 耕地质量调查与评价方法

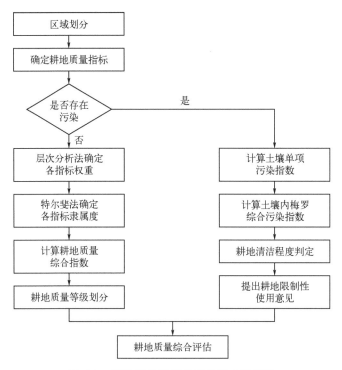

图 4-1 耕地质量调查与评价技术路线图

② 土壤侵蚀类型。土壤侵蚀是指在水力、风力、重力和冻融等外营力作用下，土壤母质及其他地面组成物质被破坏、剥蚀、转动和沉积的全部过程，在我国习惯称之为水土流失。根据其侵蚀程度，从小到大分成五个等级（无、轻、中、强和极强）进入地力评价系统。

（2）土壤属性　土壤剖面中不同土层间质地构造变化情况，直接反映土壤发育层次及障碍层次，影响根系发育、水肥保持及有效供给，包括有效土层厚度、耕作层厚度、质地构型等三个因素。

① 有效土层厚度。指土壤层和松散的母质层之和，按其厚度（或深浅，cm）从高到低依次分为六级（>150、101~150、76~100、51~75、26~50、≤25）进入地力评价系统。

② 耕层厚度。按其厚度（或深浅，cm）从高到低依次分为六级（>30、26~30、21~25、16~20、11~15、≤10）。

③ 质地构型。主要包括通体型、夹砂型、深黏型等。

（3）理化性状

① 全氮。按其含量（%）从高到低分为六级（>0.2、0.15~0.2、0.1~0.15、0.075~0.1、0.05~0.075、<0.05），导入县域耕地资源管理信息系统。

② 土壤 pH。过大或过小，作物生长发育受抑。按照琼中县耕地土壤的 pH 范围，依其测定值分为五级（7.6~8.6、6.6~7.6、5.6~6.6、4.6~5.6、<4.6 或>8.6），导入县域耕地资源管理信息系统。

③ 有机质。土壤有机质含量的高低既反映了土壤的物理状况，又反映了土壤的养分状况，故常被认为是土壤肥力水平的综合评价指标之一，直接影响耕地地力水平。按其含量（%）从高到低分为六级（>4、3~4、2~3、1~2、0.6~1、<0.6），导入县域耕地资源管理信息系统。

④ 有效磷。按其含量（mg/kg）从高到低分为六级（>40、20~40、10~20、5~10、3~5、<3），导入县域耕地资源管理信息系统。

⑤ 速效钾。按其含量（mg/kg）从高到低分为六级（>200、150~200、100~150、50~100、30~50、<30），导入县域耕地资源管理信息系统。

⑥ 交换性镁。按其含量（mg/kg）从高到低分为六级（>300、200~300、100~200、50~100、25~50、<25），导入县域耕地资源管理信息系统。

⑦ 质地。影响水肥保持及耕作性能。按卡庆斯基制的六级划分体系来描述，分为砂土、砂壤、轻壤、中壤、重壤、黏土。

（4）土壤管理

① 轮作制度。熟制是我国对耕地利用程度的一种表示方法，它以年为单位表示种植的季数。根据当地的农业耕地利用程度，作物的熟制具体分为一年一熟、一年两熟、一年三熟和多年生作物四种类别，纳入地力评价系统。

② 排涝能力。排涝能力主要针对降雨后地表的径流能否及时排出，一般可根据当地的暴雨情况提出具体指标。依据排涝情况，其能力分为强、中、弱纳入地力评价系统。

（5）剖面构型

① 耕层厚度。土层厚度一般是指土壤剖面中作物能够利用的、母质层以上的土体总厚度，即真正发生了成土过程的土层厚度，但在农业生产方面，多指有效土层厚度，尤其是耕作层的厚度，即植物根系发育所能伸展的厚度。按其厚度（cm）深浅从高到低依次分为五级（>18、16~18、14~16、12~14、<12）进入地力评价系统。

② 障碍层状况。障碍土层是指对土地利用具有特殊影响的土层，包括有铁盘、黏盘、砂砾层、石灰结核层等，是植物根系生长和水分渗透的限制层。按障碍层厚度（cm）对地力的影响，从高到低可分为四级（0、60~80、40~60、<40）进入地力评价系统。

2. 大田土壤环境质量评价

（1）单因素评价　根据国家无公害农业基地的标准，选取了影响较大的 5 种重金属污染元素（As、Pb、Cd、Cr、Hg）作为土壤环境质量评价因子。评价标准采用《土壤环境质量　农用地土壤污染风险管控标准（试行）》（GB 15618—2018），评价结果遵循"单因子最大污染"的原则，通过对单因子污染指数和多因子综合污染指数进行综合评判，将污染程度分为清洁（n）、轻度污染（l）、中度污染（m）、重度污染（h）四个等级。

（2）环境综合评价　应用加权平均值法，按照一定权重，以土壤单因素多因子综合污染指数来计算环境综合评价的多要素综合污染指数，将污染程度分为清洁（n）、轻度污染（l）、中度污染（m）、重度污染（h）四个等级。

三、评价标准体系的建立

1. 评价指标体系的确立

在选择要素时遵循如下原则：选取的因子对耕地生产力有较大的影响；选取的因子在评价区域内应有较大的变异，便于划分耕地地力的等级；选择的评价因子在时间序列上具有相对的稳定性；对当前生产密切相关的因素，以保证评价结果的持续性和可比性；评价因素必须有很好的操作和实际意义。

由以上原则，耕地地力评价因素在全国农业行业标准的基础上，经过咨询中国科学院、中国农科院以及我国主要农业大学的专家，并经过在试行省的反馈，最终提出355个评价因子并将该355个评价因子归纳为立地条件、理化性状、养分状况、土壤管理、气候条件、障碍因素、剖面构型等七大类，统一进行了量纳和范围描述，作为全国统一的评价因素库。

2. 琼中县耕地质量等级评价指标体系

琼中县耕地质量等级评价指标体系以全国评价指标体系作为依据，由省专家技术确定。经过专家技术组的研究和讨论，确定由立地条件、土壤理化性状、土壤管理和剖面构型4个类别的12个指标组成。具体指标如表4-5所示，土壤养分含量的分级标准如表4-6所示。

3. 耕地环境质量评价标准体系建立

（1）环境质量标准值　土壤单要素评价参考《土壤环境质量　农用地土壤污染风险管控标准（试行）》（GB 15618—2018），如表4-7所示。

表4-5　琼中县耕地地力评价指标体系

A层	B层	C层
耕层地力	立地条件	成土母质
		土壤侵蚀类型

续表

A 层	B 层	C 层
耕层地力	土壤理化性状	全氮
		pH 值
		有机质
		有效磷
		速效钾
		交换性镁
	土壤管理	轮作制度
		排涝能力
		设施构型
	剖面构型	剖面构型
		耕层厚度
		障碍层状况

表 4-6 琼中县土壤养分含量分级标准

级别	有机质 /(g/kg)	全氮 /(g/kg)	全磷 /(g/kg)	全钾 /(g/kg)	碱解氮 /(mg/kg)	有效磷 /(mg/kg)	速效钾 /(mg/kg)
一级	>40	>2.0	>2.2	>25	>150	>40	>200
二级	30～40	1.5～2.0	1.8～2.2	18.1～25	121～150	21～40	151～200
三级	20～30	1.0～1.5	1.4～1.8	12.1～18	91～120	11～20	101～150
四级	10～20	0.76～1.0	0.9～1.4	9.1～12	61～90	6～10	50～100
五级	6～10	0.51～0.75	0.41～0.9	6.1～9.0	31～60	4～5	31～50
六级	≤6	≤0.5	≤0.4	≤6	≤30	≤3	≤30

表 4-7 耕地土壤环境质量评价标准

		pH	≤6.5	6.5～7.5	>7.5
Ⅰ级	绿色食品	镉≤	0.3	0.3	0.4
		汞≤	0.25	0.3	0.35
		砷≤	25	20	20
		铜≤	50	60	60
		铅≤	50	50	50
		铬≤	120	120	120
		锌≤	100	120	120
		六六六≤	0.1	0.1	0.1
		滴滴涕≤	0.1	0.1	0.1

续表

		pH	<6.5	6.5~7.5	>7.5
Ⅱ级	无公害农产品生产	镉≤	0.3	0.3	0.6
		汞≤	0.3	0.5	1.0
		砷≤	40	30	25
		铜≤	50	100	100
		铅≤	100	150	150
		铬≤	150	200	250
		锌≤	200	250	300
		镍≤	40	50	60
		六六六≤	0.5	0.5	0.5
		滴滴涕≤	0.5	0.5	0.5
Ⅲ级	不合格	镉>	0.3	0.3	0.6
		汞>	0.3	0.5	1.0
		砷>	40	30	25
		铜>	50	100	100
		铅>	100	150	150
		铬>	150	200	250
		锌>	200	250	300
		镍>	40	50	60
		六六六>	0.5	0.5	0.5
		滴滴涕>	0.5	0.5	0.5

（2）单因子污染程度分级标准　单因子污染程度分级按单因子评级式计算的 P_i 值大小划分为级：

非污染（n）：污染物（i）的实测值 $C_i<S_i$，$P_i<1$；

轻度污染（l）：污染物（i）的实测值 $S_i<C_i\leqslant 2S_i$，$1\leqslant P_i<2$；

中度污染（m）：污染物（i）的实测值 $2S_i<C_i\leqslant 3S_i$，$2\leqslant P_i<3$；

重度污染（h）：污染物（i）的实测值 $C_i\geqslant 3S_i$，$P_i\geqslant 3$。

（3）单要素多因子污染程度分级标准　多因子污染程度分级按内梅罗法计算的 P 值大小划分为 5 级：

安全（s）：$P\leqslant 0.7$；

警戒限（c）：$0.7<P\leqslant 1.0$；

轻污染（l）：$1.0<P\leqslant 2.0$；

中污染（m）：$2.0<P\leqslant 3.0$；

重污染（n）：$P>3.0$。

（4）环境综合评价分级标准　按加权平均值法计算的 P 值大小划分为 5 级，同单因素多因子污染程度分级标准。

四、评价方法及流程

1. 确定耕地质量评价区域

经查阅《耕地质量等级》（GB/T 33469—2016）附录 A，可确定琼中县属于华南区一级农业区的琼雷及南海诸岛农林区二级区。

2. 确定评价单元

根据调查评价的目的，在县域范围内应用 1∶50000 的土壤图、基本农田划定图及土地利用现状图三者，先数字化，再在计算机上加复合生成评价单元图斑，然后进行综合取舍，形成评价单元进行叠加。产生的图斑作为耕地质量等级评价底图，底图的每一个图斑即为一个评价单元。全县共划分 10967 个评价单元。

3. 评价指标的确定

根据《耕地质量等级》（GB/T 33469—2016）规定，区域耕地质量评价指标由基础性指标（即必选指标）和区域补充性指标组成，其中基础性指标包括地形部位、有效土层厚度、有机质含量、耕层质地、土壤容重、质地剖面构型、土壤养分状况、生物多样性、清洁程度、障碍因素、灌溉能力、排水能力和农田林网化率等 13 个指标；区域补充性指标包括耕层厚度、田面坡度、盐渍化程度、地下水埋深度、酸碱度（pH）和海拔高度等 6 个指标。经组织有关专家讨论研究，确定海南岛耕地质量等级评价因子由农田管理（排水能力、灌溉能力）、立地条件（地形部位、农田林网化程度）、土壤养分状况（有机质、速效钾、有效磷）、耕层理化性状（pH、土壤容重、耕层质地）、剖面性状（有效土层厚度、质地剖面构型、障碍因素）、健康状况（清洁程度、生物多样性）共 6 个方面 15 个评价因子组成。评价体系的指标见下表 4-8。

表 4-8　海南岛农业区耕地质量评价指标体系

序号	准则层	指标名称
1	农田管理	灌溉能力
2		排水能力
3	立地条件	地形部位
4		农田林网化程度

续表

序号	准则层	指标名称
5	土壤养分状况	有机质
6		有效磷
7		速效钾
8	耕层理化性状	耕层质地
9		pH
10		土壤容重
11	剖面性状	质地剖面构型
12		有效土层厚度
13		障碍因素
14	健康状况	生物多样性
15		清洁程度

4. 建立耕地质量评价因子空间属性数据库

首先建立耕地质量评价采样点空间属性数据库，然后借助 ArcGIS 中"反距离权重空间插值模型"技术方法，对耕层土壤容重、pH、有机质、碱解氮、有效磷和速效钾含量等指标进行空间插值，采用面积加权平均法计算并建立耕地质量评价单元的耕层土壤容重、pH、有机质、碱解氮、有效磷和速效钾含量等评价因子空间属性数据库。再根据评价单元的土种类型，在同一乡镇行政区范围内，遵循土种相同、距离最近的原则进行无采样点评价单元的耕层质地类型、有效土层厚度、质地剖面构型、障碍因素、生物多样性、灌溉能力、排水能力和农田林网化程度等评价因子的空间赋值，建立耕地质量评价单元的耕层质地类型、有效土层厚度、质地剖面构型、障碍因素、生物多样性、灌溉能力、排水能力和农田林网化程度等评价因子空间属性数据库。

5. 建立耕地质量评价因子隶属函数模型

评价因子对耕地质地的影响程度是一个模糊性概念问题，可采用模糊数学理论和方法进行描述。隶属度是评价因子的观测值符合该模糊性概念的程度（即某评价因子在某观测值时对耕地质量的影响程度），完全符合时隶属度为 1，完全不符合时隶属度为 0，部分符合时隶属度为 0~1 之间的数值。隶属函数则表示评价因子的观测值与隶属度之间的解析函数，根据评价因子的隶属函数，对于任一评价因子的每一观测值均可计算出其对应的隶属度。选定的评价因子分为概念型和数值型评价因子两类，概念型采用特尔斐法直接给出隶属度；数值型采用隶属函数法确定。

根据模糊数学的理论，主要有如下几种隶属函数：

（1）戒上型函数模型

$$y_i = \begin{cases} 0 & u_i \leqslant u_{t1} \\ \dfrac{1}{[1+a_i(u_i-c_i)^2]}, & u_{t1}<u_i<c_i, (i=1,2,\cdots,m) \\ 1 & u_i \leqslant c_i \end{cases} \quad (4-6)$$

式中　y_i——第 i 因素评语；

　　　u_i——样品观测值；

　　　c_i——标准指标；

　　　a_i——系数；

　　　u_{t1}——指标下限值。

（2）戒下型函数模型

$$y_i = \begin{cases} 0 & u_{t2} \leqslant u_i \\ \dfrac{1}{[1+a_i(u_i-c_i)^2]}, & c_i<u_i<u_{t2}, (i=1,2,\cdots,m) \\ 1 & u_i \leqslant c_i \end{cases} \quad (4-7)$$

式中　u_{t2}——指标上限值。

（3）峰型函数模型

$$y_i = \begin{cases} 0 & u_i>u_{t1} \text{ 或 } u_i<u_{t2} \\ \dfrac{1}{[1+a_i(u_i-c_i)^2]}, & u_{t1}<u_i<u_{t2}, (i=1,2,\cdots,m) \\ 1 & u_i \leqslant c_i \end{cases} \quad (4-8)$$

（4）概念型函数模型（散点型）　这类指标与耕地生产能力之间是一种非线性的关系，如地貌类型、土壤剖面构型、质地等。这类要素的评价采用特尔菲法直接给出隶属度。

6. 单因素权重的确定——层次分析法

单因素权重应用层次分析法来确定。层次分析法就是把复杂的问题按照它们之间的隶属关系排定一定的层次，再对每一层次进行相对重要性比较，最后得出它们之间的一种关系，从而确定它们各自的权重。

在确定权重时，首先要建立层次结构，对所分析的问题进行层层解剖，根据它们之间的所属关系，建立一种多层次的架构，利于问题的分析和研究。

其次是构造判断矩阵，用三层结构来分析，即目标层（A 层）、准则层（B

层）和指标层（C层）。对于目标层A，则要对准则层B中的各因素进行相对重要判断，可参照相关分析以及因子分析的结果，请专家或有实践经验的土专家分别给予判断和评估，从而得到准则层B对于目标层A的判断矩阵。同理亦可得到指标层C相对于各准则层B的判断矩阵。

再者是权重值的计算。

(1) 求算最大特征根与特征向量　当P的阶数大时，可按式（4-9）近似地求出特征向量（W_i）：

$$W_i = \frac{\sum\limits_{j} P_{ij}}{\sum\limits_{i,j} P_{ij}} \tag{4-9}$$

式中　P_{ij}——矩阵P的第i行第j列的元素。

即先对矩阵进行正规化，再将正规化后的矩阵按行相加，再将向量正规化，即可求得特征向量W_i的值。而最大特征根（$\lambda_{\max}$）可用式（4-10）求解：

$$\lambda_{\max} = \frac{1}{n} \sum_{i=1}^{n} \frac{(PW)_i}{W_i} \tag{4-10}$$

式中　W_i——W的第i个向量；

$(PW)_i$——矩阵P与特征向量W的乘积的第i个元素。

(2) 一致性检验　根据式（4-11）和式（4-12）求解一致性指标：

$$CI = \frac{\lambda_{\max} - n}{n - 1} \tag{4-11}$$

$$CR = \frac{CI}{RI} \tag{4-12}$$

式中　CI——一致性指标；

n——比较矩阵的阶，即因素的个数；

CR——一致性比例；

RI——平均随机一致性指标（可通过查表求得）。

若$CR<0.1$，则说明该判断矩阵具有满意的一致性，否则应作进一步调整。

(3) 层次总排序一致性检验　根据以上求得各层次间的特征向量值（权重），求算总的CI值，再对CR作出判断。

最后计算组合权重，由指标层C与准则层B相对应的权重值相乘求得各评价因素的组合权重，即为评价指标的实际权重。

概念型指标给定的隶属度和数值型采用隶属函数见表4-9及表4-10。

表 4-9 概念型指标隶属度

指标		隶属度
地形部位	平原低阶	1
	平原中阶	0.9
	平原高阶	0.8
	宽谷盆地	0.9
	山间盆地	0.7
	丘陵下部	0.6
	丘陵中部	0.5
	丘陵上部	0.4
	山地坡下	0.5
	山地坡中	0.3
	山地坡上	0.2
质地构型	上松下紧型	1
	海绵型	0.8
	夹层型	0.7
	紧实型	0.5
	上紧下松型	0.4
	薄层型	0.3
	松散型	0.2
障碍因素	盐渍化	0.5
	瘠薄	0.5
	酸化	0.5
	渍潜	0.4
	障碍层次	0.6
	无	1
耕层质地	中壤	1
	轻壤	0.9
	重壤	0.8
	砂壤	0.7
	黏土	0.6
	砂土	0.4
清洁程度	清洁	1
灌溉能力	充分满足	1
	满足	0.8
	基本满足	0.6
	不满足	0.3

续表

指标		隶属度
排水能力	充分满足	1
	满足	0.8
	基本满足	0.6
	不满足	0.3
农田林网化程度	高	1
	中	0.85
	低	0.75
生物多样性	丰富	1
	一般	0.85
	不丰富	0.75

表 4-10 数值型指标隶属函数

指标名称	函数类型	函数公式	a 值	c 值	u 的下限值	u 的上限值
酸碱度	峰型	$y=1/[1+a(u-c)^2]$	0.256941	6.7	4.0	9.5
有机质	戒上型	$y=1/[1+a(u-c)^2]$	0.002163	38.0	6.0	38.0
速效钾	戒上型	$y=1/[1+a(u-c)^2]$	0.000068	205	30	205
有效磷	戒上型	$y=1/[1+a(u-c)^2]$	0.0038	40.0	5.0	40.0
土壤容重	峰型	$y=1/[1+a(u-c)^2]$	2.786523	1.35	0.90	2.10
有效土层厚度	戒上型	$y=1/[1+a(u-c)]$	0.000230	100	10	100

注：y 为隶属度；a 为系数；u 为实测值；c 为标准指标。当函数类型为戒上型，u 小于等于下限值时，y 为 0；u 大于等于上限值时，y 为 1；当函数类型为峰型，u 小于等于下限值或 u 大于等于上限值时，y 为 0。

7. 评价单元属性数据标准化

利用所建立的戒上型和峰型评价因子的隶属函数模型以及概念型评价因子隶属度，对各评价单元的评价因子属性数据进行标准化，将各评价单元的评价因子属性数据转化为隶属度值。

第五节 耕地资源管理信息系统的建立及应用

地理信息系统（geographic information system，GIS）是 20 世纪 60 年代开始发展起来的新兴技术，是在计算机软、硬件支持下，把各种地理信息按空间分布或地理坐标存储，并可查询、检索、显示和综合分析应用的技术系统。目前 GIS 应用系统的开发有 3 种实现方式，一是独立开发，二是单纯二次开发，三是集成开发。而采用组件化 GIS 技术，利用 Visual Basic 语言对地理信息系统组件（Mapobjects）进行集成二次开发，可以把 GIS 的功能适当抽象化，能缩短系统开发的周期，并有利于系统开发人员开发出符合用户需求、界面友好、功能强大的系统。琼中县耕地质量信息管理系统将采用扬州市土肥站开发的耕地质量管理信息系统。

一、耕地资源管理信息系统（CLRMIS）的总体设计

1. 总体目标

耕地资源信息系统以一个县行政区域内耕地资源为管理对象，应用 GIS 技术对辖区内的地形、地貌、土壤、土地利用、农田水利、土壤污染、农业生产基本情况、基本农田保护区等资料进行统一管理，构建耕地资源基础信息系统，并将此数据平台与各类管理模型结合，对辖区内的耕地资源进行系统的动态管理，为农业决策者、农民和农业技术人员提供耕地质量动态变化、土壤适宜性、施肥咨询、作物营养诊断等多方位的信息服务。

本系统行政单位为村，农田单元为基本农田保护块，土壤单元为土种，系统基本管理单元为土壤、基本农田保护块、土地利用现状叠加所形成的评价单元。

2. 县域耕地资源管理信息系统建立工作流程

县域"耕地资源管理信息系统"建立的工作流程如图 4-2 所示。

3. CLRMIS 的软、硬件配置要求

（1）硬件　P3/P4 及其兼容机，≥128MRAM，≥20GHD，≥32M 显存，A4 扫描仪，彩色喷墨打印机。

（2）软件　Windows 98/2000/XP，Excel 2000/2003/XP 等。

二、资料搜集与整理

1. 图件资料收集与整理

图件资料指印刷和各类地图、专题图、卫星照片以及商品数字化矢量和栅格图。所有图件比例尺为 1∶50000。

第四章 耕地质量调查与评价方法

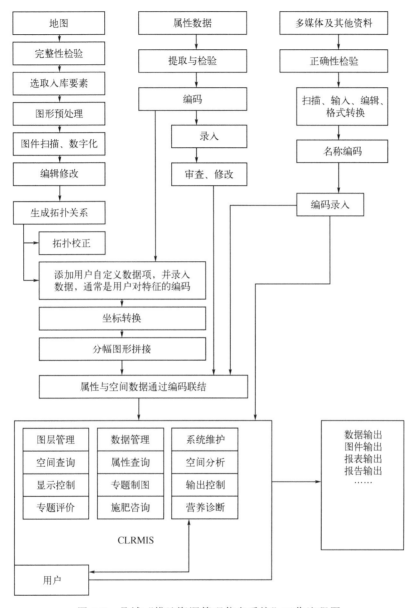

图 4-2 县域"耕地资源管理信息系统"工作流程图

(1) 地形图 统一采用国家相关部门的地形图。由于近年来公路、水系、地形地貌等变化较大,因此采用水利、公路、规划、国土等部门的有关最新图件资料对地形图进行修正。

(2) 行政区划图 由于近年撤乡并镇等工作致使部分地区行政区划变化较大,按最新行政区划进行修正,同时注意名称、拼音、编码等一致。

（3）土壤图及土壤养分图　采用第二次土壤普查成果图。

（4）基本农田保护区现状图　采用国土资源局（以下简称国土局）最新划定的基本农田保护区图。

（5）地貌类型分区图　根据地貌类型将辖区内农田分区，采用第二次土壤普查分类系统绘制成图。

（6）土地利用现状图　现有的土地利用现状图。

（7）主要污染源点位图　调查本地可能对水体、大气、土壤形成污染的矿区、工厂等，并确定污染类型及污染强度，在地形图上准确标明位置及编号。

（8）土壤肥力监测点点位图　在地形图上标明准确位置及编号。

（9）土壤普查土壤采样点点位图　在地形图上标明准确位置及编号。

2. 数据资料收集与整理

数据资料主要包括：基本农田保护区一级、二级地块登记表，国土局基本农田划定资料；其他有关基本农田保护区划定统计资料，国土局基本农田划定资料；近几年粮食单产、总产、种植面积统计资料（以村为单位）；其他农村及农业生产基本情况资料；历年土壤肥力监测点田间记载及化验结果资料；历年肥情点资料；县、乡、村名编码表；近几年土壤、植株化验资料（土壤普查、肥力普查表）；近几年主要粮食作物、主要品种产量构成资料；各乡历年化肥销售、使用情况；土壤志、土种志；特色农产品分布、数量资料；主要污染源调查统计表（地点、污染类型、方式、强度等）；当地农作物品种及特性资料，包括各个品种的全生育期、大田生产潜力、最佳播期、移栽期、播种量、栽插密度、百公斤籽粒需氮量、需磷量、需钾量等，以及品种特性介绍；一元、二元、三元肥料肥效试验资料，计算不同地区、不同土壤、不同作物品种的肥料效应函数；不同土壤、不同作物基础地力产量占常规产量比例资料。

3. 文本资料收集与整理

文本资料主要为全县及各乡（镇）基本情况描述和各土种的性状描述，包括其发生、发育、分布、生产性能、障碍因素等。

4. 多媒体资料收集与整理

多媒体资料主要为图片和媒体资料，包括：土壤典型剖面照片；土壤肥力监测点景观照片；当地典型景观照片；特色农产品介绍（文字、图片）；地方介绍资料（图片、录像、文字、音乐）。

三、属性数据库的设计与录入

信息系统有大量的信息，包括各种各样的属性数据，这些数据必须有机地进行归纳整理,并进行分类处理。数据通过分类整理后,必须按编码的方式进行有机的系统化,以利于计算机的处理、查询等,而数据可建立数据字典,由数据字典来统一规范数据,为数据的查询提供接口。

1. 属性数据的内容

根据琼中县耕地质量评价的需要,确定建立属性数据库的内容,其内容来源如表 4-11 所示。

表 4-11 属性数据库内容及来源

编号	内容名称	来源
1	主要河流、水库基本情况统计表	水利局
2	县、乡、村行政编码表	民政局
3	交通道路属性数据表	交通局
4	土壤名称编码表	土壤普查资料
5	土种属性数据表	土壤普查资料
6	县、乡、村农村基本情况统计表	农林局
7	土地利用现状属性数据表	国土局
8	土壤样品分析化验结果数据表	野外调查采样分析
9	耕地及蔬菜地灌水、回水分析结果数据表	野外调查采样分析
10	农田污染源样品分析化验结果数据表	野外调查采样分析
11	土壤肥力监测点基本情况统计表	土肥站

2. 属性数据分类与编码

数据的分类编码是对数据资料进行有效管理的重要依据。编码的主要目的是节省计算机内存空间,便于用户理解使用。地理属性进入数据库之前进行编码是必要的,只有进行了正确的编码,空间数据库与属性数据库才能实现正确连接。编码格式为英文字母与数字组合,本系统采用数字表示的层次型分类编码体系,它能反映专题要素分类体系的基本特征。

3. 建立数据编码字典

数据编码字典是数据应用设计的重要内容,是描述数据库中各类数据及其组合的数据集合,也称元数据。地理数据库的数据编码字典主要用于描述属性数据,它本身是一个特殊用途的文件,在数据库整个生命周期里都起着重要的作用。它避免重复数据项的出现,并提供了查询数据的唯一入口。

4. 数据表结构设计

属性数据库的建立与录入可独立于空间数据库和 GIS 库,根据表的内容设计各表字段数量、字段类型、长度等,可以在 Access、dBASE、FoxPro 下建立,最终统一以 dBASE 的 DBF 格式保存入库。下面以 dBASE 的 dbf 数据库为例进行描述,如表 4-12 至表 4-21 所示。

表 4-12　湖泊、面状河流属性数据库 lake.dbf

字段名	属性	数据类型	宽度	小数位	量纲
lacode	水系代码	N	4	0	代码
laname	水系名称	C	20		
lacontent	湖泊贮水量	N	8	0	万立方米
laflux	河流流量	N	6	—	m^3/s

表 4-13　堤坝、渠道、线状河流属性数据 stream.dbf

字段名	属性	数据类型	宽度	小数位	量纲
ricode	水系代码	N	4	0	代码
riname	水系名称	C	20		
riflux	河流、渠道流量	N	6		m^3/s

表 4-14　交通道路属性数据库 traffic.dbf

字段名	属性	数据类型	宽度	小数位	量纲
rocode	道路编码	N	4	0	代码
roname	道路名称	C	20		
rograde	道路等级	C	1		
rotype	道路类型	C	1		(黑色/水泥/石子/土)

表 4-15　行政界线(省、市、县、乡、村)属性数据库 boundary.dbf

字段名	属性	数据类型	宽度	小数位	量纲
adcode	界线编码	N	1	0	代码
adname	界线名称	C	4		

注:界线编码表示为 1—国界;2—省界;3—市界;4—县界;5—乡界;6—村界。

表 4-16　土地利用现状属性数据库 landuse.dbf

字段名	属性	数据类型	宽度	小数位	量纲
lucode	利用方式编码	N	2	0	代码
luname	利用方式名称	C	10		

注:土地利用现状分类表。

表 4-17　土种属性数据表 soil.dbf

字段名	属性	数据类型	宽度	小数位	量纲
sgcode	土种代码	N	4	0	代码
stname	土类名称	C	10		
ssname	亚类名称	C	20		
skname	土属名称	C	20		
sgname	土种名称	C	20		
pamaterial	成土母质	C	20		
profile	剖面构型	C	50		
土种典型剖面有关属性数据					
text	剖面照片文件名	C	40		
picture	图片文件名	C	50		
html	HTML 文件名	C	50		
video	录像文件名	C	40		

注：土壤系统分类表；本部分由一系列的数据库组成，视实际情况不同有所差异，如在盐碱土地区还应包括盐分含量及离子组成等。

表 4-18　土壤养分（pH、有机质、氮等）属性数据库 nutr****.dbf

字段名	属性	数据类型	宽度	小数位	量纲
①pH 值库 nutrpH.dbf					
code	分级编码	N	4	0	代码
number	pH	N	4	1	
②有机质库 nutrom.dbf					
code	分级编码	N	4	0	代码
number	有机质含量	N	5	2	g/kg
③全氮量库 nutrN.dbf					
code	分级编码	N	4	0	代码
number	全氮含量	N	5	3	g/kg
④速效养分库 nutrP.dbf					
code	分级编码	N	4	0	代码
number	速效养分含量	N	5	3	mg/kg

表 4-19　基本农田保护块属性数据库 farmland.dbf

字段名	属性	数据类型	宽度	小数位	量纲
plcode	保护块编码	N	7	0	代码
plarea	保护块面积	N	4	0	hm^2
cuarea	其中耕地面积	N	6	0	hm^2

续表

字段名	属性	数据类型	宽度	小数位	量纲
eastto	东至	C	20		
westto	西至	C	20		
southto	南至	C	20		
northto	北至	C	20		
plperson	保护责任人	C	6		
plgrad	保护级别	N	1		

表 4-20 地貌、气候属性数据库 landform.dbf

字段名	属性	数据类型	宽度	小数位	量纲
landcode	地貌类型编码	N	2	0	代码
landname	地貌类型名称	C	10		
rain	降雨量	C	6		

表 4-21 县、乡、村名编码数据库

字段名	属性	数据类型	宽度	小数位	量纲
vicodec	单位编码	N	5	0	代码
vicoden	统一编码	N	11		
viname	单位名称	C	20		
vinamee	名称拼音	C	30		

5. 数据录入与审核

数据录入前应仔细审核，数值型资料应注意量纲、上下限，地名应该注意汉字、多音字、繁简体、简全称等问题，审核定稿后再录入。录入后还应仔细检查，有条件的可采取二次录入相互对照的方法，保证数据录入无误后，将数据库转为规定的格式（DBF 格式文件），再根据数据编码字典中的文件名编码命名后保持在规定的子目录下。

6. 其他资料的输入及处理

除一般的数据信息外，还有很多其他类型的数据信息，如文本说明、声音、图像、影像以及多媒体文本等。这些信息可通过各种工具软件进行适当的加工处理，以各自不同的形式保存在系统中。文本资料可以 TXT 格式保存，声音可用 WAV、MIDI 格式，其他多媒体产品可用常用多媒体格式保存。这些文件分别保存在相应的目录下，其相对路径和文件名录入相应的属性数据库中。

四、空间数据库的设计与录入

地理信息系统（GIS）软件如 ArcInfo、MapHInfo 等是建立空间数据的基础。空间数据需要通过图件来获取，对于收集到的图形图件必须进行处理，图件预处理是为简化数字化工作而按一定工作设计要求进行预处理，也是进行图层要素整理与筛选的过程，这里包括对图件的筛选、整理、命名、编码等。经过筛选、整理的图件，通过数字化仪、扫描仪等设备进行数字化，并建立相应的图层（如点图层、线图层、面图层即多边形图层等），再进行图件的编辑、坐标系转换、图幅拼接、地理统计、空间分析等处理。

1. 空间数据的内容

琼中县耕地质量评价地理信息系统的空间数据库的内容由多个图层组成，它包括地名、道路、水系等背景图层、评价单元图层和各评价因子如坡度图、坡向图、养分图等图层，具体内容及资料来源如表 4-22 所示。

表 4-22 空间数据库内容及资料来源

编号	名称	来源
1	主要河流、湖泊基本情况统计表	水利局
2	灌溉渠道基本情况统计表	水利局
3	公路网基本情况统计表	交通局
4	县、乡、村农业基本情况统计表	农林局
5	土地利用现状分类统计表	国土局、卫片解译
6	各土种典型剖面理化性状统计表	土壤普查资料
7	土壤农化数据表	肥力普查资料
8	土壤分类系统表	土壤普查资料
9	基本农田保护区登记表	国土局
10	基本农田保护区基本情况统计表（村）	国土局
11	地貌类型属性表	土壤普查资料
12	农田水利综合分区统计表	水利局
13	农田主要污染源统计表	环保局、农环站
14	土壤肥力监测点基本情况统计表	土肥站
15	县、乡、村行政编码表	民政局

2. 空间数据采集的流程

在耕地资源数据库建设中，数据采集的精度直接关系到现状数据库本身的精度和今后的应用，数据采集的工艺流程是关系到土地利用现状数据库质量的重要基础工作。因此，对数据的采集制定了一个详尽的工艺流程。首先对收集的资料进行分类检查、整理与预处理；其次，按照图件资料介质的类型进行扫描，并对扫描图件进行扫描校正；然后，进行数据的分层矢量化采集、矢量化数据的检查；最后，对矢量化数据进行坐标投影转换与数据拼接工作以及数据、图形的综合检查和数据的分层与格式转换。具体数据采集的流程如图 4-3 所示。

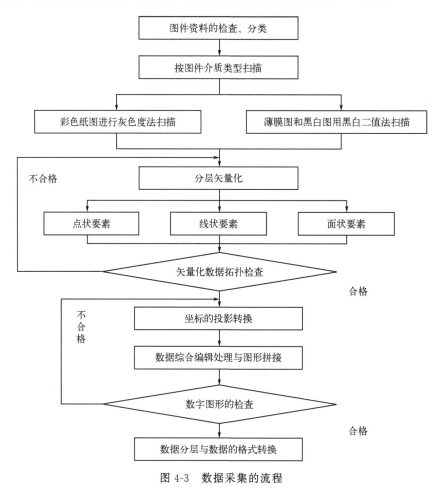

图 4-3　数据采集的流程

3. 基本图层的制作

基本图层包括行政区所在地图层、水系图层、道路图层、行政界线图层、等高图层、文字注记图层、土地利用图层、土壤类型图层、基本农田保护块图层、野外采样点图层等，数据来源可以通过收集图纸图件、电子版的矢量数据及通过 GIS 野外测量数据（如采样点位置），根据不同形式的数据内容分别进行处理，最终形成统一坐标、统一为 Shapefile 格式的图层文件。

(1) 图件数字化

① 图件的扫描。收集的图件资料若为纸介质的图件资料，要采用灰度法进行扫描。扫描的精度为 300dpi。扫描完成后将文件保存为 *.TIF 格式。在扫描过程中，为了能够保证扫描图件的清晰度和精度，对图件先进行预扫描。在预扫描过程中，检查扫描图件的清晰度，其清晰度必须能够区分图内的各要素，然后利用 Lontex Fss 8300 扫描仪自带的 CAD image/scan 扫描软件进行角度校正，角度校正后必须保证图幅下方两个内图廓的边线与水平线的角度误差小于 0.2°。

② 数据采集与分层矢量化。对图形的数字化采用交互式矢量化方法，确保图形矢量化的精度。在耕地资源数据库建设中需要采集的要素有：点状要素、线状要素和面状要素。由于所采集的数据种类较多，必须对所采集的数据按不同类型进行分层采集。

a. 点状要素的采集。可以分为两种类型，一是零星地类，另一种是注记点。零星地类包括一些有点位的点状零星地类和无点位的零星地类。对于有点位的零星地类，在数据的分层矢量化采集时，将点标记置于点状要素的几何中心点，对于无点位的零星地类在分层矢量化采集时，将点标记置于原始图件的定位点。农化点位、污染源点位等注记点的采集按照原始图件资料中的注记点，在矢量化过程中一一标注在相应的位置。

b. 线状要素的采集。在耕地资源图件资料上的线状要素主要分为水系、道路、线状地物界、地类界、行政界线、权属界线、土种界、等高线等，对不同类型的线状要素进行分层采集。线状地物主要是指道路、水系、河渠等，线状地物数据采集时考虑到有些线状地物宽度较宽，如一些较大的河流、沟渠，它们在地图上可以按照实际宽度的比例表示为一定的宽度；有些线状地物，如一些道路和水系，由于其宽度不能在图上表示，在采集其数据时，则按栅格图上线状地物的中轴线来确定其在图上的实际位置。对地类界、行政界、土种界和等高线数据的采集，保证其封闭性和连续性。线状要素按照其种类不同分层采集、分层保存，以备数据分析时进行利用。

c. 面状要素要在线状要素采集后，通过建立拓扑关系形成区后进行。面状要素是由行政界线、权属界线、地类界线和一些带有宽度的线状地物界等结状要素所形成一系列的闭合性区域，其主要包括行政区、权属区、土壤类型区等图斑。所以对于不同的面状要素，应采用不同的图层对其进行数据采集。考虑到实际情况，将面状要素分为行政区层、地类层、土壤层等图斑层。将分层采集的数据分层保存。

③ 矢量化数据的拓扑检查。在矢量化过程中不可避免地会存在一些问题，因此，在完成图形数据的分层矢量化以后，要进行下一步工作时，必须对分层矢量

化以后的数据进行矢量化数据的拓扑检查。

在线状要素的采集过程中,为了保证线段完全闭合,某些线段可能出现相互交叉的情况,这些均属于悬挂线段。在进行悬挂线段的检查时,首先使用MapGis的线文件拓扑检查功能,自动对其检查和消除,如果不能够自动消除的,则对照原始图件资料进行手工修正。对线状要素进行矢量化数据检查完成以后,随即由作图员对所矢量化的数据与原始图件资料对比进行检查,如果在检查过程中发现有一些通过拓扑检查所不能够解决的问题、矢量化数据的精度不符合精度要求的,或者是某些线状要素存在着一定的位移,而难以校正的,则对其中的线状要素进行重新矢量化。

图斑和行政区是反映一个地区耕地资源状况的重要属性,在对图件资料中的面状要素进行数据的分层矢量化采集中,由于图件资料中所涉及的图斑较多,有可能存在着一些图斑或行政界的不闭合情况,需利用MapGis的区文件拓扑检查功能,对在面状要素分层矢量化采集过程中所保存的一系列区文件进行矢量化数据的拓扑检查。检查过程中可以消除大多数区文件的不闭合情况,对于不能自动消除的,通过与原始图件的相互检查,消除其不闭合情况。如果通过对矢量化以后的区文件的拓扑检查,可以消除在矢量化过程中所出现的上述问题,则进行下一步工作,如果在拓扑检查以后还存在一些问题,则对其进行重新矢量化,以确保系统建设的精度。

④图件拼接。琼中县耕地土壤图就是用第二次土壤普查时完成的1:50000土壤图通过扫描数字化而成的。琼中县提供的1:50000土壤图采用标准分幅图,数字化完成再进行坐标转换、编辑修改后,应对图幅进行拼接。在图斑拼接检查过程中,相邻图幅间的同名要素误差应小于1mm,这时移动其任何一个要素进行拼接,同名要素间距在1~3mm之间的处理方法是将两个要素各移动一半,在中间部位结合,这样可使图幅拼接完全满足精度要求。

(2) 电子版矢量数据的格式转换 琼中县土地利用现状图是在MapGIS下制作的电子版数据,必须将其转换为Shapefile格式才能为耕地资源信息管理系统调用。MapGIS下制作的土地利用现状图包括点(地名等注记)、线(道路、水系、界线)、面(利用现状、基本农田保护块)三个图层。在转换前先进行数据分析,弄清由哪些属性值来表达不同的类型,然后利用MapGIS的文件转换功能对点、线、面文件转换为Coverage文件,再利用ArcInfo软件进行处理,最后生成Shaplefile格式文件。

(3) GPS采集的数据转换 野外采样点的位置通过GPS进行实地测定,将每次测定的数据保存下来,然后将这些数据传至电脑并按转换的格式要求保存为文本文件,利用ArcInfo软件的转换命令将其转换为Coverage和Shapefile格式文件。

（4）坐标转换　地理数据库内的所有地理数据必须建立在相同的坐标系基础上，把地球真实投影转换到平面坐标系上才能通过地图来表达地理位置信息。琼中县 1∶50000 的地形图采用高斯-克吕格投影的参数投影转换成平面直角坐标系，单位为 m。

4. 评价因子图层制作

（1）坡度坡向图　由等高线图生成。将等高线图层转换成带高程属性的 Grid 图层，利用空间分析模块生成坡度图和坡向图，并将其转换为栅格格式。

（2）养分图　包括 pH、有机质、全氮、有效磷、速效钾。利用地统计分析模块，通过空间插值方法分别生成四个养分图层。

5. 评价单元图制作

由土壤图、土地利用现状图和农田保护块图叠加生成，并对每一个多边形单元进行编号，然后将 12 个评价指标字段名添加到评价单元图数据库中。

五、数据的连接

1. 空间数据与属性数据的连接

ArcInfo 系统采用不同的数据模型分别对属性数据和空间数据进行存储管理，属性数据采用关系模型，空间数据采用网状模型。在图幅工作单元 coverage 中，每个图形单元由一个标识码来唯一确定。同时一个 coverage 可以有若干个关系数据库文件即要素属性表，以完成对 coverage 的地理要素的属性描述。图形单元标识码是要素属性表中的一个关键字段，空间数据与属性数据以此字段形成关联，完成对地图的模拟。这种关联使 AcrInfo 的两种数据模型连成一体，可以方便地从空间数据检索属性数据或者从属性数据检索空间数据。

在进行空间数据和属性数据链接时，在 ArcMap 环境下分别调入图层数据和属性数据表，利用关键字段将属性数据表链接到空间图层的属性表中，将属性数据表中的数据内容赋予到图层数据表中。

2. 空间数据的连接

利用空间分析模块中的相应功能，将养分图、坡度坡向图的数据赋予评价单元图中的每一个评价单元。

六、计算评价单元质量综合指数

采用加权指数和法计算每个评价单元的质量综合指数，可用式（4-13）来计算：

$$P = \sum(F_i \times C_i) \qquad (4-13)$$

式中　P——耕地质量综合指数（integrated fertility index）；
　　　F_i——第i个评价指标的隶属度；
　　　C_i——第i个评价指标的组合权重。

七、划分耕地质量等级

根据耕地质量综合指数的分布特征，采用等间距法确定区域耕地质量等级划分标准，确定各评价单元的耕地质量等级，建立各县耕地质量等级空间属性数据库。《耕地质量等级》（GB/T 33469—2016）将耕地质量划分为10个等级，一等地耕地质量最高，十等地耕地质量最低，耕地质量等级划分方案见表4-23。

表4-23　耕地质量等级划分方案

耕地质量等级	综合指数	耕地质量等级	综合指数
一等地	＞0.8850	六等地	0.7695～0.7926
二等地	0.8619～0.8850	七等地	0.7464～0.7695
三等地	0.8388～0.8619	八等地	0.7233～0.7464
四等地	0.8157～0.8388	九等地	0.7002～0.7233
五等地	0.7926～0.8157	十等地	＜0.7002

八、耕地质量验证

为了保证评价结果的科学性、合理性与准确性，在耕地质量等级评价初步结果的基础上开展评价结果验证工作。评价结果采取实地验证和专家验证的方式进行。具体采用了以下方法进行耕地质量评价结果的验证。

一是合理性验证。对耕地质量评价结果从空间分布和土壤类型等方面进行合理性检查，一般需满足以下规则：各耕地质量等级的面积比例总体上呈正态分布；高质量等级耕地一般分布于平原和盆地、交通方便、灌排条件良好的区域，而低质量等级耕地一般分布于丘陵山地、海拔和坡度较大，或地势低洼、易于渍水的区域；不同土壤类型的耕地质量等级具有一定的差异，但遵循一定的规律，如在平原区因发育河流冲积母质，土层深厚，具有较高的自然肥力基础的耕地，耕地质量等级相对较高；而丘陵山地区上部的土壤因发育于残积母质，耕作熟化度较低，或谷地山垄的土种因地下水位高、土体长期渍水导致土壤通气不良、还原性有毒成分富集和速效养分低，耕地质量等级相对较低。

二是对比验证。不同的耕地质量等级应与其相应的评价指标值相对应。高等级的耕地质量应体现较为优良的耕地土壤环境条件和理化性状，而低等级耕地则对应较劣的耕地土壤环境条件和理化性状。因此可分析评价结果中不同耕地质量等级对应的评价指标值，通过比较统计不同等级的指标差异，分析耕地质量评价结果的合理性。

三是产量验证。耕地质量高低的直接体现是作物的产量。在通常情况下，质量等级高的耕地其作物产量水平也较高；而质量等级低的耕地因存在障碍因素，作物产量水平也较低。因此，可将评价结果中各等级耕地质量对应的农作物调查产量进行对比统计，分析不同质量等级耕地的产量水平，通过产量的差异来判断评价结果是否科学合理。

四是专家验证。邀请的专家小组成员对评价过程属性赋值、评价结果计算等进行系统验证。由相关技术人员现场操作，对耕地质量等级评价结果进行专家验证，从宏观上把握耕地质量分布的规律性是否吻合，发现评价等级与实地高产区、低产区有出入的地方，查看评价相关属性，进行综合分析，查找原因并进行细致的验证与修正，使评价结果更加科学合理和符合客观实际。

第五章
琼中县耕地主要土壤养分状况

第一节 土壤全氮

土壤全氮是指土壤中有机态氮和无机氮的总和,它不包括土壤空气中的氮。氮元素是植物主要"生命"元素,是构成蛋白质的主要成分,也是植物合成叶绿素的重要成分,跟作物的产量和品质关系极大。因此,土中的氮对植物茎叶的生长和果实的发育有重要作用,是农业生产中影响作物产量的主要养分限制因子。分析土壤全氮及其各种形态氮的含量是评价土壤肥力、拟定合理施用氮肥的主要依据。

土壤全氮含量处于动态变化中,主要来源为生物固氮、降水及肥料,土壤的水热条件、微生物、耕层质地等自然条件会对其含量有显著影响,特别是土壤有机质的生物积累和水解作用。此外,耕作方式、施肥情况和灌溉等人为活动也会对土壤氮素含量产生影响。

一、全氮含量及空间差异

根据全县434个土样的检测结果,琼中县耕地土壤全氮平均值为1.23g/kg,中平镇的平均含量最高,其次是湾岭镇,营根镇的土壤全氮含量最低。详见表5-1。

表5-1 琼中县各乡镇耕地土壤全氮含量

乡镇	样点数/个	平均值/(g/kg)	标准差/(g/kg)
吊罗山乡	32	1.27	0.26
和平镇	32	1.10	0.29
红毛镇	40	1.19	0.28
黎母山镇	61	1.44	1.34

续表

乡镇	样点数/个	平均值/(g/kg)	标准差/(g/kg)
上安乡	40	1.39	0.26
什运乡	46	1.01	0.25
湾岭镇	81	1.56	0.91
营根镇	45	0.14	0.03
长征镇	41	1.48	0.37
中平镇	16	1.64	0.44
总计	434	1.23	0.79

二、全氮含量及影响因素

1. 不同土壤类型土壤全氮含量差异

此次采样点位落在琼中县耕地三种主要土壤类型中，分别为水稻土、砖红壤和赤红壤。土壤全氮含量以水稻土的含量最高，同时水稻土的样点数也最多。详见表 5-2。

表 5-2 琼中县耕地主要土壤类型土壤全氮含量

土类	样点数/个	平均值/(g/kg)	标准差/(g/kg)
赤红壤	14	1.20	0.23
水稻土	342	1.30	0.86
砖红壤	78	0.91	0.40
总计	434	1.23	0.79

2. 不同地貌类型土壤全氮含量差异

琼中县耕地的地貌类型仅有丘陵和山地两种。丘陵的土壤全氮含量平均值较高，与山地相差不大。丘陵地貌与山地地貌标准差相差较大。琼中县耕地地貌类型土壤全氮含量见表 5-3。

表 5-3 琼中县耕地地貌类型土壤全氮含量

地貌类型	样点数/个	平均值/(g/kg)	标准差/(g/kg)
丘陵	415	1.23	0.81
山地	19	1.18	0.20
总计	434	1.23	0.79

3. 不同成土母质土壤全氮含量差异

琼中县不同成土母质发育的耕地土壤中，土壤全氮含量平均值最高的是花岗岩风化物，其次是紫色砂岩风化物，最低的是洪积物。洪积物的土壤全氮标准差最大，最小的是紫色砂岩风化物。琼中县不同成土母质耕地土壤全氮含量见表5-4。

表5-4 琼中县不同成土母质耕地土壤全氮含量

成土母质	样点数/个	平均值/(g/kg)	标准差/(g/kg)
冲积物	9	1.21	0.73
洪积物	157	1.15	1.00
花岗岩风化物	260	1.27	0.65
紫色砂岩风化物	8	1.22	0.14
总计	434	1.23	0.79

三、全氮含量分级与分布情况

参照《全国九大农区及省级耕地质量监测指标分级标准》，可将土壤全氮含量划分为五个等级。琼中县各乡镇耕地土壤全氮含量各等级样点数量和平均值情况见表5-5。

表5-5 琼中县各乡镇耕地土壤全氮统计

乡镇	一级 >2.00g/kg		二级 1.50~2.00g/kg		三级 1.00~1.50g/kg		四级 0.50~1.00g/kg		五级 ≤0.50g/kg	
	个数	平均值	个数	平均值	个数	平均值	个数	平均值	个数	平均值
吊罗山乡			6	1.62	20	1.28	6	0.90		
和平镇			2	1.63	18	1.24	12	0.81		
红毛镇			8	1.60	22	1.19	10	0.85		
黎母山镇	1	2.92	15	1.60	38	1.23	6	0.81	1	0.46
上安乡			15	1.63	22	1.29	3	0.85		
什运乡			1	1.53	24	1.19	21	0.78		
湾岭镇	13	2.94	22	1.71	33	1.25	13	0.73		
营根镇									45	0.14
长征镇	3	2.21	16	1.71	18	1.29	4	0.84		
中平镇	4	2.21	5	1.81	5	1.31	2	0.90		
总计	21	3.11	90	1.66	200	1.24	77	0.81	46	0.15

全氮养分在琼中县遍布五个级别,其中占比最高的是三级,为 46.08%,其次是二级,占比为 20.74%,表明琼中县耕地土壤的全氮含量适中。三级水平中黎母山镇的点位数最多,占三级水平的 19%;其次是湾岭镇,占比为 16.5%。二级水平中湾岭镇的点位数最多,占二级水平的 24.44%;其次是长征镇,占比 17.78%。营根镇采样点均处于五级,侧面反映出该镇全氮含量整体偏低。

第二节 土壤全磷

一、全磷含量及空间差异

根据全县 439 个土样的检测结果,琼中县耕地土壤全磷平均值为 0.92g/kg,黎母山镇的平均含量最高,其次是长征镇,什运乡的土壤全磷含量最低,为 0.18g/kg。其余详见表 5-6。

表 5-6 琼中县各乡镇耕地土壤全磷含量

乡镇	样点数/个	平均值/(g/kg)	标准差/(g/kg)
吊罗山乡	32	0.37	0.23
和平镇	32	0.34	0.10
红毛镇	40	0.37	0.17
黎母山镇	67	3.20	13.17
上安乡	40	0.50	0.68
什运乡	46	0.18	0.09
湾岭镇	80	0.66	0.27
营根镇	45	0.40	2.32
长征镇	41	1.14	3.11
中平镇	16	0.53	0.13
总计	439	0.92	5.38

二、全磷含量及影响因素

1. 不同土壤类型土壤全磷含量差异

此次采样点位落在琼中县耕地三种主要土壤类型中,分别为水稻土、砖红壤和赤红壤。土壤全磷含量以水稻土的含量最高,同时水稻土的样点数也最多。详见表 5-7。

表 5-7　琼中县耕地主要土壤类型土壤全磷含量

土类	样点数/个	平均值/(g/kg)	标准差/(g/kg)
赤红壤	14	0.36	0.23
水稻土	346	1.06	6.05
砖红壤	79	0.41	0.48
总计	439	0.92	5.38

2. 不同地貌类型土壤全磷含量差异

琼中县耕地的地貌类型仅有丘陵和山地两种。丘陵的土壤全磷含量平均值较高，与山地相差不大。丘陵地貌与山地地貌全磷含量标准差相差较大。琼中县耕地地貌类型土壤全磷含量见表 5-8。

表 5-8　琼中县耕地地貌类型土壤全磷含量

地貌类型	样点数/个	平均值/(g/kg)	标准差/(g/kg)
丘陵	419	0.94	5.51
山地	20	0.62	0.75
总计	439	0.92	5.38

3. 不同成土母质土壤全磷含量差异

琼中县不同成土母质发育的耕地土壤中，土壤全磷含量平均值最高的是洪积物，其次是冲击物，最低的是紫色砂岩风化物。洪积物的土壤全磷标准差最大，最小的是紫色砂岩风化物。琼中县不同成土母质耕地土壤全磷含量见表 5-9。

表 5-9　琼中县不同成土母质耕地土壤全磷含量

成土母质	样点数/个	平均值/(g/kg)	标准差/(g/kg)
冲积物	9	0.52	0.58
洪积物	162	1.67	8.79
花岗岩风化物	260	0.49	0.45
紫色砂岩风化物	8	0.36	0.18
总计	439	0.92	5.38

三、全磷含量分级与分布情况

参照《全国九大农区及省级耕地质量监测指标分级标准》，可将土壤全磷含量划分为五个等级。琼中县各乡镇耕地土壤全磷含量各等级样点数量和平均值情况见表 5-10。

表 5-10 琼中县各乡镇耕地土壤全磷统计

乡镇	一级 >1.50g/kg		二级 1.00~1.50g/kg		三级 0.60~1.00g/kg		四级 0.40~0.60g/kg		五级 ≤0.40g/kg	
	个数	平均值	个数	平均值	个数	平均值	个数	平均值	个数	平均值
吊罗山乡			2	1.12	1	0.69	6	0.48	23	0.26
和平镇					1	0.74	4	0.44	27	0.31
红毛镇					4	0.80	7	0.47	29	0.29
黎母山镇	28	7.22			4	0.65	2	0.49	33	0.26
上安乡	1	4.34	3	1.23	3	0.79	6	0.47	27	0.25
什运乡							2	0.48	44	0.16
湾岭镇	1	1.59	7	1.18	35	0.75	27	0.48	10	0.32
营根镇	1	15.80							44	0.05
长征镇	2	11.27	5	1.09	13	0.77	12	0.48	9	0.33
中平镇							4	0.72	11	0.33	1	0.33
总计	33	7.47	17	1.15	65	0.75	77	0.48	247	0.22

全磷养分在琼中县遍布五个级别，其中占比最高的是五级，为56.26%，其次是四级，占比为17.54%，表明琼中县耕地土壤的全磷含量总体偏低。五级水平中什运乡和营根镇点位数最多，分别占五级水平的17.8%；其次是黎母山镇，占比为13.4%。四级水平中湾岭镇的点位数最多，占四级水平的35.1%；其次是长征镇，占比15.6%。

第三节 土壤有效磷

磷是植物生长发育的必需营养元素之一，既是植物体内许多重要有机化合物如磷脂类和核蛋白的重要组分，又能够以多种方式参与植物体内各种代谢过程，促进各种代谢正常进行。土壤有效磷是土壤中可被植物吸收利用的磷的总称，它包括全部水溶性磷、部分吸附态磷、一部分微溶性的无机磷和易矿化的有机磷等，只是后两者需要经过一定的转化过程后方能被植物直接吸收。土壤中有效磷含量与全磷含量之间虽不是直线相关，但当全磷含量低于0.03%时，土壤往往缺少有效磷。土壤有效磷是土壤磷素养分供应水平高低的指标，土壤磷素含量高低在一定程度上反映了土壤中磷素的贮量和供应能力。

一、有效磷含量及空间差异

根据全县 2154 个土样的检测结果，琼中县耕地土壤有效磷平均值为 7.38mg/kg，黎母山镇的平均含量最高，其次是中平镇，长征镇的土壤有效磷含量最低。其余详见表 5-11。

表 5-11　琼中县各乡镇耕地土壤有效磷含量

乡镇	样点数/个	平均值/(mg/kg)	标准差/(mg/kg)
吊罗山乡	151	9.03	12.90
和平镇	187	5.01	5.55
红毛镇	208	9.60	13.91
黎母山镇	349	13.24	31.37
上安乡	199	5.75	7.88
什运乡	145	4.81	7.44
湾岭镇	383	5.25	16.72
营根镇	240	5.91	14.06
长征镇	209	4.34	7.77
中平镇	83	9.62	8.84
总计	2154	7.38	17.09

二、有效磷含量及影响因素

1. 不同土壤类型土壤有效磷含量差异

此次采样点位落在琼中县耕地四种主要土壤类型中，分别为水稻土、砖红壤、赤红壤和紫色土。土壤有效磷含量以紫色土的含量最高，砖红壤有效磷含量最低，侧面反映不同土壤类型有效磷含量差异较为显著。赤红壤和水稻土土壤有效磷平均含量相近。其余详见表 5-12。

表 5-12　琼中县耕地主要土壤类型土壤有效磷含量

土类	样点数/个	平均值/(mg/kg)	标准差/(mg/kg)
赤红壤	63	7.86	17.53
水稻土	1330	8.45	14.08
砖红壤	755	5.37	21.15

续表

土类	样点数/个	平均值/(mg/kg)	标准差/(mg/kg)
紫色土	6	18.02	21.50
总计	2154	7.38	17.09

2. 不同地貌类型土壤有效磷含量差异

琼中县耕地的地貌类型仅有丘陵和山地两种。山地的土壤有效磷含量平均值较高，与丘陵相差不大。丘陵地貌与山地地貌标准差相差较大。琼中县耕地地貌类型土壤有效磷含量见表5-13。

表5-13 琼中县耕地地貌类型土壤有效磷含量

地貌类型	样点数/个	平均值/(mg/kg)	标准差/(mg/kg)
丘陵	2053	7.22	14.31
山地	101	10.64	45.37
总计	2154	7.38	17.09

3. 不同成土母质土壤有效磷含量差异

琼中县不同成土母质发育的耕地土壤中，土壤有效磷含量平均值最高的是冲积物，其次是紫色砂岩风化物，最低的是花岗岩风化物。冲积物的土壤有效磷标准差最大，最小的是洪积物。琼中县不同成土母质耕地土壤有效磷含量见表5-14。

表5-14 琼中县不同成土母质耕地土壤有效磷含量

成土母质	样点数/个	平均值/(mg/kg)	标准差/(mg/kg)
冲积物	30	22.68	38.66
洪积物	646	9.10	15.04
花岗岩风化物	1424	6.02	16.82
紫色砂岩风化物	54	14.06	19.73
总计	2154	7.38	17.09

三、有效磷含量分级与分布情况

参照《全国九大农区及省级耕地质量监测指标分级标准》，可将土壤有效磷含量划分为五个等级。琼中县各乡镇耕地土壤有效磷含量各等级样点数量和平均值情况见表5-15。

表 5-15 琼中县各乡镇耕地土壤有效磷统计

乡镇	一级 >40.0mg/kg		二级 30.0～40.0mg/kg		三级 20.0～30.0mg/kg		四级 5.0～20.0mg/kg		五级 ≤5.0mg/kg	
	个数	平均值	个数	平均值	个数	平均值	个数	平均值	个数	平均值
吊罗山乡	2	90.05	2	36.50	11	23.94	67	9.43	69	3.13
和平镇	1	46.40	1	32.90	2	21.55	53	9.01	130	2.59
红毛镇	5	73.94	3	34.87	9	23.31	123	9.09	68	2.87
黎母山镇	25	92.45	5	33.64	17	23.64	120	10.36	182	2.73
上安乡	2	58.35	2	39.40	5	23.30	55	9.10	135	2.46
什运乡	2	51.05	2	32.00	1	23.00	27	9.62	113	2.20
湾岭镇	8	85.29	4	35.45	9	25.19	50	9.44	312	1.57
营根镇	7	77.60	1	34.50	3	22.30	48	9.46	179	1.54
长征镇	2	68.75			4	26.35	45	8.31	158	1.83
中平镇			3	34.70	11	23.38	34	10.63	35	2.17
总计	54	83.13	23	34.87	74	23.76	622	9.47	1381	2.14

有效磷养分在琼中县遍布五个级别，其中占比最高的是五级，达 64.11%，其次为四级，占比为 28.88%，表明琼中县耕地土壤的有效磷含量偏低。五级水平中湾岭镇的点位数最多，占五级水平的 22.6%；其次是黎母山镇，占比为 13.2%。四级水平中红毛镇的点位数最多，占四级水平的 19.8%；其次是黎母山镇，占比为 19.3%。

第四节 土壤全钾

一、全钾含量及空间差异

根据全县 437 个土样的检测结果，琼中县耕地土壤全钾平均值为 8.28g/kg，湾岭镇的平均含量最高，其次是长征镇，营根镇的土壤全钾含量最低。其余详见表 5-16。

表 5-16 琼中县各乡镇耕地土壤全钾含量

乡镇	样点数/个	平均值/(g/kg)	标准差/(g/kg)
吊罗山乡	32	4.59	4.01
和平镇	32	3.35	1.92

续表

乡镇	样点数/个	平均值/(g/kg)	标准差/(g/kg)
红毛镇	40	5.19	2.51
黎母山镇	65	5.56	2.94
上安乡	40	3.52	1.32
什运乡	46	3.86	2.06
湾岭镇	80	17.68	7.45
营根镇	45	2.23	0.48
长征镇	41	16.98	6.96
中平镇	16	16.59	4.04
总计	437	8.28	7.60

二、全钾含量及影响因素

1. 不同土壤类型土壤全钾含量差异

此次采样点位落在琼中县耕地三种主要土壤类型中，分别为水稻土、砖红壤和赤红壤。土壤全钾含量以水稻土含量最高，同时水稻土的样点数也最多。其余详见表 5-17。

表 5-17 琼中县耕地主要土壤类型土壤全钾含量

土类	样点数/个	平均值/(g/kg)	标准差/(g/kg)
赤红壤	14	4.14	1.86
水稻土	344	8.73	7.64
砖红壤	79	7.04	7.69
总计	437	8.28	7.60

2. 不同地貌类型土壤全钾含量差异

琼中县耕地的地貌类型仅有丘陵和山地两种。丘陵的土壤全钾含量平均值较高，与山地有一定的差距。丘陵地貌与山地地貌标准差也相差较大。琼中县耕地地貌类型土壤全钾含量见表 5-18。

表 5-18 琼中县耕地地貌类型土壤全钾含量

地貌类型	样点数/个	平均值/(g/kg)	标准差/(g/kg)
丘陵	417	8.46	7.72
山地	20	4.49	1.71
总计	437	8.28	7.60

3.不同成土母质土壤全钾含量差异

琼中县不同成土母质发育的耕地土壤中，土壤全钾含量平均值最高的是花岗岩风化物，其次是紫色砂岩风化物，最低的是洪积物。花岗岩风化物的土壤全钾标准差最大，最小的是紫色砂岩风化物。琼中县不同成土母质耕地土壤全钾含量见表5-19。

表5-19 琼中县不同成土母质耕地土壤全钾含量

成土母质	样点数/个	平均值/(g/kg)	标准差/(g/kg)
冲积物	9	5.87	4.52
洪积物	160	5.49	5.28
花岗岩风化物	260	10.09	8.40
紫色砂岩风化物	8	7.84	3.43
总计	437	8.28	7.60

三、全钾含量分级与分布情况

参照《全国九大农区及省级耕地质量监测指标分级标准》，可将土壤全钾含量划分为五个等级。琼中各乡镇耕地土壤全钾含量各等级样点数量和平均值情况见表5-20。

表5-20 琼中县各乡镇耕地土壤全钾统计

乡镇	一级 >25.0g/kg		二级 18.0~25.0g/kg		三级 12.0~18.0g/kg		四级 5.0~12.0g/kg		五级 ≤5.0g/kg	
	个数	平均值	个数	平均值	个数	平均值	个数	平均值	个数	平均值
吊罗山乡	1	25.00					8	6.21	23	3.14
和平镇							7	6.36	25	2.51
红毛镇					1	15.90	17	6.67	22	3.55
黎母山镇					4	13.65	32	6.66	29	3.24
上安乡							6	5.78	34	3.12
什运乡							11	6.65	35	2.98
湾岭镇	12	28.63	29	21.40	19	15.77	16	8.83	4	2.33
营根镇									45	2.23
长征镇	3	27.00	20	21.10	10	15.68	4	5.95	4	3.18
中平镇			8	19.89	5	14.40	3	11.43		
总计	16	28.10	57	21.08	39	15.36	104	7.00	221	2.90

全钾养分在琼中县遍布五个级别,其中占比最高的是五级,为50.57%,其次是四级,占比为23.80%,表明琼中县耕地土壤的全钾含量总体偏低。五级水平中营根镇点位数最多,占五级水平的20.4%;其次是什运乡,占比为15.8%。四级水平中黎母山镇的点位数最多,占四级水平的30.8%;其次是红毛镇,占比为16.3%。营根镇所有采样点均处于五级区域,侧面反应该镇土壤全钾含量总体偏低。

第五节 土壤速效钾

钾元素是植物生长发育必要的三元素之一,在许多植物体内含量仅次于氮。而且还能提高植物适应外界不良环境的能力,因此它有品质元素和抗逆元素之称。速效钾指土壤中易被作物吸收利用的钾素,包括土壤溶液钾及土壤交换性钾。速效钾占土壤全钾量的0.1%~2%。其中土壤溶液钾占速效钾的1%~2%,由于其所占比例很低,常将其计入交换钾。速效钾含量是表征土壤钾素供应状况的重要指标之一。

一、速效钾含量及空间差异

根据全县2157个土样的检测结果,琼中县耕地土壤速效钾平均值为38.98mg/kg,什运乡的平均含量最高,其次是红毛镇,黎母山镇的土壤速效钾含量最低。其余详见表5-21。

表5-21 琼中县各乡镇耕地土壤速效钾含量

乡镇	样点数/个	平均值/(mg/kg)	标准差/(mg/kg)
吊罗山乡	151	46.23	67.61
和平镇	186	34.26	15.72
红毛镇	208	46.48	28.29
黎母山镇	352	28.59	25.07
上安乡	200	35.32	24.47
什运乡	145	64.26	50.33
湾岭镇	383	39.85	28.29
营根镇	240	34.19	20.33
长征镇	209	36.86	34.13
中平镇	83	41.49	35.39
总计	2157	38.98	34.24

二、速效钾含量及影响因素

1. 不同土壤类型土壤速效钾含量差异

此次采样点位落在琼中县耕地四种主要土壤类型中,分别为水稻土、砖红壤、赤红壤和紫色土。土壤速效钾含量以赤红壤的含量最高,紫色土的速效钾含量最低,侧面反映了不同土壤类型速效钾含量差异较为显著。详见表5-22。

表5-22 琼中县耕地主要土壤类型土壤速效钾含量

土类	样点数/个	平均值/(mg/kg)	标准差/(mg/kg)
赤红壤	63	61.24	98.64
水稻土	1335	35.27	26.48
砖红壤	753	43.81	34.77
紫色土	6	25.33	12.22
总计	2157	38.98	34.24

2. 不同地貌类型土壤速效钾含量差异

琼中县耕地的地貌类型仅有丘陵和山地两种。山地的土壤速效钾含量平均值较高,与丘陵总体相差不大。丘陵地貌与山地地貌标准差也相近。琼中县耕地地貌类型土壤速效钾含量见表5-23。

表5-23 琼中县耕地地貌类型土壤速效钾含量

地貌类型	样点数/个	平均值/(mg/kg)	标准差/(mg/kg)
丘陵	2056	38.57	33.92
山地	101	47.46	39.23
总计	2157	38.98	34.24

3. 不同成土母质土壤速效钾含量差异

琼中县不同成土母质发育的耕地土壤中,土壤速效钾含量平均值最高的是花岗岩风化物,其次是冲积物,最低的是紫色砂岩风化物。花岗岩风化物的土壤速效钾标准差最大,最小的是紫色砂岩风化物。琼中县不同成土母质耕地土壤速效钾含量见表5-24。

表 5-24 琼中县不同成土母质耕地土壤速效钾含量

成土母质	样点数/个	平均值/(mg/kg)	标准差/(mg/kg)
冲积物	30	35.73	27.08
洪积物	651	32.99	25.98
花岗岩风化物	1422	42.36	37.58
紫色砂岩风化物	54	24.07	11.26
总计	2157	38.98	34.24

三、速效钾含量分级与分布情况

参照《全国九大农区及省级耕地质量监测指标分级标准》，可将土壤速效钾含量划分为五个等级。琼中县各乡镇耕地土壤速效钾含量各等级样点数量和平均值情况见表 5-25。

表 5-25 琼中县各乡镇耕地土壤速效钾统计

乡镇	一级 >150mg/kg		二级 100～150mg/kg		三级 75～100mg/kg		四级 50～75mg/kg		五级 ≤50mg/kg	
	个数	平均值	个数	平均值	个数	平均值	个数	平均值	个数	平均值
吊罗山乡	3	390.67	3	120.33	6	90.67	25	60.72	114	29.70
和平镇					5	78.40	28	58.68	153	28.35
红毛镇	3	191.00	9	105.78	14	85.00	37	60.16	145	32.59
黎母山镇	1	332.00	5	131.40	6	88.83	16	58.56	324	23.48
上安乡	2	221.00			6	82.33	24	55.33	168	28.57
什运乡	9	208.56	18	113.83	17	89.94	25	61.72	76	30.51
湾岭镇	7	184.57	5	120.00	13	86.08	63	58.81	295	28.98
营根镇	2	181.00			6	86.33	26	57.88	206	28.26
长征镇	4	240.00	4	109.50	1	76.00	16	61.75	184	28.49
中平镇	2	241.50			6	83.83	4	55.25	71	31.51
总计	33	227.06	44	114.93	80	86.23	264	59.14	1736	28.24

速效钾养分在琼中县遍布五个级别，其中占比最高的是五级，为 80.48%，其次是四级，占比为 12.24%，表明琼中县耕地土壤的速效钾含量总体偏低。五级水平中黎母山镇的点位数最多，占五级水平的 18.7%；其次是湾岭镇，占比为 17.0%。四级水平中湾岭镇的点位数最多，占四级水平的 23.9%；其次是红毛镇，占比为 14.0%。

第六节 土壤交换性钙

一、交换性钙含量及空间差异

根据全县434个土样的检测结果，琼中县耕地土壤平均值为503.31mg/kg，红毛镇的平均含量最高，其次是什运乡，和平镇的土壤交换性钙含量最低。其余详见表5-26。

表5-26 琼中县各乡镇耕地土壤交换性钙含量

乡镇	样点数/个	平均值/(mg/kg)	标准差/(mg/kg)
吊罗山乡	32	337.64	219.83
和平镇	32	330.70	215.48
红毛镇	40	758.90	431.45
黎母山镇	65	388.60	151.04
上安乡	40	474.94	309.80
什运乡	46	721.29	406.91
湾岭镇	77	532.90	282.77
营根镇	45	423.48	238.29
长征镇	41	567.50	230.55
中平镇	16	368.78	132.92
总计	434	503.31	314.48

二、交换性钙含量及影响因素

1.不同土壤类型土壤交换性钙含量差异

此次采样点位落在琼中县耕地三种主要土壤类型中，分别为水稻土、砖红壤和赤红壤。土壤交换性钙含量以水稻土的含量最高，同时水稻土的样点数也最多。其余详见表5-27。

表5-27 琼中县耕地主要土壤类型土壤交换性钙含量

土类	样点数/个	平均值/(mg/kg)	标准差/(mg/kg)
赤红壤	14	187.93	155.05
水稻土	342	554.90	300.96

续表

土类	样点数/个	平均值/(mg/kg)	标准差/(mg/kg)
砖红壤	78	333.72	300.89
总计	434	503.31	314.48

2. 不同地貌类型土壤交换性钙含量差异

琼中县耕地的地貌类型仅有丘陵和山地两种。山地的土壤交换性钙含量平均值较高，与丘陵地总体相差不大。琼中县耕地地貌类型土壤交换性钙含量见表5-28。

表5-28 琼中县耕地地貌类型土壤交换性钙含量

地貌类型	样点数/个	平均值/(mg/kg)	标准差/(mg/kg)
丘陵	414	500.53	305.66
山地	20	560.94	456.81
总计	434	503.31	314.48

3. 不同成土母质土壤交换性钙含量差异

琼中县不同成土母质发育的耕地土壤中，土壤交换性钙含量平均值最高的是冲积物，其次是洪积物，最低的是紫色砂岩风化物。花岗岩风化物的土壤交换性钙标准差最大，最小的是紫色砂岩风化物。琼中县不同成土母质耕地土壤交换性钙含量见表5-29。

表5-29 琼中县不同成土母质耕地土壤交换性钙含量

成土母质	样点数/个	平均值/(mg/kg)	标准差/(mg/kg)
冲积物	9	600.30	201.66
洪积物	159	543.49	288.82
花岗岩风化物	258	477.91	332.86
紫色砂岩风化物	8	414.81	130.37
总计	434	503.31	314.48

三、交换性钙含量分级与分布情况

参照《全国九大农区及省级耕地质量监测指标分级标准》，可将土壤交换性钙含量划分为五个等级。琼中县各乡镇耕地土壤交换性钙含量各等级样点数量和平均值情况见表5-30。

表 5-30 琼中县各乡镇耕地土壤交换性钙统计

乡镇	一级 >1000mg/kg		二级 700~1000mg/kg		三级 300~700mg/kg		四级 50~300mg/kg		五级 ≤50mg/kg	
	个数	平均值	个数	平均值	个数	平均值	个数	平均值	个数	平均值
吊罗山乡	1	1102.60			18	440.11	13	136.91		
和平镇			3	840.63	13	417.14	16	164.85		
红毛镇	10	1388.01	7	875.90	19	497.71	4	222.02		
黎母山镇			1	854.90	51	434.78	12	184.02	1	22.00
上安乡	3	1142.00	4	887.20	20	511.28	13	138.25		
什运乡	10	1365.75	6	918.47	27	492.23	3	240.30		
湾岭镇	5	1263.24	10	869.03	50	475.60	11	203.57	1	7.90
营根镇	1	1316.10	2	865.45	28	483.81	12	198.28	2	41.85
长征镇	2	1179.35	6	836.52	31	508.94	1	70.50	1	41.80
中平镇			1	760.80	14	364.04			1	43.20
总计	32	1314.29	40	869.22	271	467.49	85	173.19	6	33.10

交换性钙养分在琼中县遍布五个级别,其中占比最高的是三级,为 62.44%,其次是四级,占比为 19.59%,表明琼中县耕地土壤的交换性钙含量在中等偏下水平。三级水平中黎母山镇的点位数最多,占三级水平的 18.8%;其次是湾岭镇,占比为 18.5%。四级水平中和平镇的点位数最多,占四级水平的 18.8%。

第七节 土壤交换性镁

一、交换性镁含量及空间差异

根据全县 429 个土样的检测结果,琼中县耕地土壤平均值为 82.78mg/kg,红毛镇的平均含量最高,其次是湾岭镇,中平镇的土壤交换性镁含量最低。其余详见表 5-31。

表 5-31 琼中县各乡镇耕地土壤交换性镁含量

乡镇	样点数/个	平均值/(mg/kg)	标准差/(mg/kg)
吊罗山乡	32	60.93	34.98
和平镇	33	60.56	36.71
红毛镇	40	132.28	79.55

续表

乡镇	样点数/个	平均值/(mg/kg)	标准差/(mg/kg)
黎母山镇	64	53.97	20.82
上安乡	40	89.96	71.52
什运乡	46	58.03	38.19
湾岭镇	72	112.15	76.72
营根镇	45	70.26	48.59
长征镇	41	109.35	55.66
中平镇	16	52.01	36.65
总计	429	82.78	61.85

二、交换性镁含量及影响因素

1. 不同土壤类型土壤交换性镁含量差异

此次采样点位落在琼中县耕地三种主要土壤类型中，分别为水稻土、砖红壤和赤红壤。土壤交换性镁含量以水稻土的含量最高，同时水稻土的样点数也最多。其余详见表5-32。

表5-32 琼中县耕地主要土壤类型土壤交换性镁含量

土类	样点数/个	平均值/(mg/kg)	标准差/(mg/kg)
赤红壤	14	52.02	30.52
水稻土	341	88.20	63.15
砖红壤	74	63.63	54.25
总计	429	82.78	61.85

2. 不同地貌类型土壤交换性镁含量差异

琼中县耕地的地貌类型仅有丘陵和山地两种。丘陵的土壤交换性镁含量平均值较高，与山地的相差不大。丘陵地貌与山地地貌标准差也相近。琼中县耕地地貌类型土壤交换性镁含量见表5-33。

表5-33 琼中县耕地地貌类型土壤交换性镁含量

地貌类型	样点数/个	平均值/(mg/kg)	标准差/(mg/kg)
丘陵	409	83.16	61.62
山地	20	75.08	65.82
总计	429	82.78	61.85

3.不同成土母质土壤交换性镁含量差异

琼中县不同成土母质发育的耕地土壤中,土壤交换性镁含量平均值最高的是洪积物,其次是冲积物,最低的是紫色砂岩风化物。冲积物的土壤交换性镁标准差最大,最小的是紫色砂岩风化物。琼中县不同成土母质耕地土壤交换性镁含量见表5-34。

表5-34 琼中县不同成土母质耕地土壤交换性镁含量

成土母质	样点数/个	平均值/(mg/kg)	标准差/(mg/kg)
冲积物	9	86.67	65.88
洪积物	159	88.34	60.94
花岗岩风化物	253	79.63	62.50
紫色砂岩风化物	8	67.50	41.53
总计	429	82.78	61.85

三、交换性镁含量分级与分布情况

参照《全国九大农区及省级耕地质量监测指标分级标准》,可将土壤交换性镁含量划分为五个等级。琼中县各乡镇耕地土壤交换性镁含量各等级样点数量和平均值情况见表5-35。

表5-35 琼中县各乡镇耕地土壤交换性镁统计

乡镇	一级 >300mg/kg		二级 200~300mg/kg		三级 100~200mg/kg		四级 25~100mg/kg		五级 ≤25mg/kg	
	个数	平均值	个数	平均值	个数	平均值	个数	平均值	个数	平均值
吊罗山乡					4	129.65	23	57.65	5	21.08
和平镇					5	132.72	24	52.52	4	18.55
红毛镇	1	324.30	9	244.16	9	145.44	21	69.55		
黎母山镇					2	114.10	58	54.22	4	20.35
上安乡	2	312.60			11	149.30	21	57.52	6	20.47
什运乡					8	126.05	29	51.01	9	20.18
湾岭镇	2	365.30	8	232.09	26	131.80	29	67.28	7	15.66
营根镇			2	227.40	6	133.65	33	56.08	4	13.55
长征镇			5	231.20	13	129.31	21	76.67	2	18.20
中平镇					1	179.80	14	46.59	1	0.10
总计	5	336.02	24	236.04	85	134.82	273	58.40	42	18.23

交换性镁养分在琼中县遍布五个级别,其中占比最高的是四级,为63.64%,其次是三级,占比为19.81%,表明琼中县耕地土壤的交换性镁含量在中等偏下水平。四级水平中黎母山镇的点位数最多,占四级水平的21.2%;其次是营根镇,占比为12.1%。三级水平中湾岭镇的点位数最多,占三级水平的30.6%;其次是长征镇,占比为15.3%。

第八节 土壤有效锌

一、有效锌含量及空间差异

根据全县434个土样的检测结果,琼中县耕地土壤有效锌平均值为4.74mg/kg,湾岭镇的平均含量最高,其次是和平镇,什运乡的土壤有效锌含量最低。其余详见表5-36。

表5-36 琼中县各乡镇耕地土壤有效锌含量

乡镇	样点数/个	平均值/(mg/kg)	标准差/(mg/kg)
吊罗山乡	32	4.01	2.02
和平镇	32	5.28	8.15
红毛镇	40	4.40	2.75
黎母山镇	64	4.02	3.33
上安乡	40	4.42	2.33
什运乡	44	2.34	1.46
湾岭镇	80	7.92	5.59
营根镇	45	3.30	1.87
长征镇	41	4.93	3.07
中平镇	16	3.90	2.27
总计	434	4.74	4.28

二、有效锌含量及影响因素

1. 不同土壤类型土壤有效锌含量差异

此次采样点位落在琼中县耕地三种主要土壤类型中,分别为水稻土、砖红壤和赤红壤。土壤有效锌含量以水稻土的含量最高,同时水稻土的样点数也最多。其余详见表 5-37。

表 5-37 琼中县耕地主要土壤类型土壤有效锌含量

土类	样点数/个	平均值/(mg/kg)	标准差/(mg/kg)
赤红壤	14	2.96	1.15
水稻土	341	5.28	4.54
砖红壤	79	2.70	2.29
总计	434	4.74	4.28

2. 不同地貌类型土壤有效锌含量差异

琼中县耕地的地貌类型仅有丘陵和山地两种。丘陵的土壤有效锌含量平均值较高,与山地相差不大。丘陵地貌与山地地貌标准差也相差不大。琼中县耕地地貌类型土壤有效锌含量见表 5-38。

表 5-38 琼中县耕地地貌类型土壤有效锌含量

地貌类型	样点数/个	平均值/(mg/kg)	标准差/(mg/kg)
丘陵	414	4.84	4.33
山地	20	2.69	2.16
总计	434	4.74	4.28

3. 不同成土母质土壤有效锌含量差异

琼中县不同成土母质发育的耕地土壤中,土壤有效锌含量平均值最高的是冲积物,其次是洪积物,最低的是紫色砂岩风化物。洪积物的土壤有效锌标准差最大,最小的是紫色砂岩风化物。琼中县不同成土母质耕地土壤有效锌含量见表 5-39。

表 5-39 琼中县不同成土母质耕地土壤有效锌含量

成土母质	样点数/个	平均值/(mg/kg)	标准差/(mg/kg)
冲积物	9	5.67	2.74
洪积物	159	4.98	4.48
花岗岩风化物	258	4.65	4.22
紫色砂岩风化物	8	1.94	0.88
总计	434	4.74	4.28

三、有效锌含量分级与分布情况

参照《全国九大农区及省级耕地质量监测指标分级标准》,可将土壤有效锌含量划分为五个等级。琼中县各乡镇耕地土壤有效锌含量各等级样点数量和平均值情况见表5-40。

表5-40 琼中县各乡镇耕地土壤有效锌统计

乡镇	一级 >3.00mg/kg		二级 2.00~3.00mg/kg		三级 1.00~2.00mg/kg		四级 0.50~1.00mg/kg		五级 ≤0.50mg/kg	
	个数	平均值	个数	平均值	个数	平均值	个数	平均值	个数	平均值
吊罗山乡	19	5.10	11	2.53	2	1.70				
和平镇	17	8.16	6	2.47	9	1.72				
红毛镇	24	5.84	11	2.55	4	1.69	1	0.97		
黎母山镇	29	6.61	17	2.34	16	1.51	2	0.82		
上安乡	27	5.61	6	2.47	7	1.52				
什运乡	11	4.50	9	2.52	16	1.57	7	0.75	1	0.49
湾岭镇	74	8.39	2	2.78	4	1.79				
营根镇	26	4.42	9	2.53	5	1.66	3	0.74	2	0.06
长征镇	30	5.85	9	2.59	2	1.77				
中平镇	7	6.02	6	2.78	2	1.80			1	0.02
总计	264	6.52	86	2.52	67	1.61	13	0.77	4	0.16

有效锌养分在琼中县遍布五个级别,其中占比最高的是一级,为60.83%,其次是二级,占比为19.82%,表明琼中县耕地土壤的有效锌含量总体较高。一级水平中湾岭镇的点位数最多,占一级水平的28.03%;其次是长征镇,占比为11.36%。二级水平中黎母山镇的点位数最多,占二级水平的19.77%;其次是吊罗山乡和红毛镇,均占比12.79%。

第九节 土壤有效硼

一、有效硼含量及空间差异

根据全县220个土样的检测结果,耕地土壤平均值为0.13mg/kg,长征镇的平均含量最高,其次是什运乡,中平镇的土壤有效硼含量最低。其余详见表 5-41。

表 5-41 琼中县各乡镇耕地土壤有效硼含量

乡镇	样点数/个	平均值/(mg/kg)	标准差/(mg/kg)
什运乡	45	0.15	0.14
湾岭镇	80	0.11	0.08
营根镇	45	0.13	0.11
长征镇	34	0.20	0.19
中平镇	16	0.06	0.04
总计	220	0.13	0.12

二、有效硼含量及影响因素

1. 不同土壤类型土壤有效硼含量差异

此次采样点位落在琼中县耕地两种主要土壤类型中,分别为水稻土和砖红壤。土壤有效硼含量以砖红壤的土壤含量最高,两种土壤类型有效硼含量差异不大。详见表 5-42。

表 5-42 琼中县耕地主要土壤类型土壤有效硼含量

土类	样点数/个	平均值/(mg/kg)	标准差/(mg/kg)
水稻土	185	0.13	0.13
砖红壤	35	0.17	0.12
总计	220	0.13	0.12

2. 不同地貌类型土壤有效硼含量差异

琼中县耕地的地貌类型仅有丘陵和山地两种。丘陵的土壤有效硼含量平均值较高,与山地相差不大。丘陵地貌与山地地貌标准差相差较大。琼中县耕地地貌类型土壤有效硼含量见表 5-43。

表 5-43 琼中县耕地地貌类型土壤有效硼含量

地貌类型	样点数/个	平均值/(mg/kg)	标准差/(mg/kg)
丘陵	213	0.14	0.13
山地	7	0.10	0.06
总计	220	0.13	0.12

3. 不同成土母质土壤有效硼含量差异

琼中县不同成土母质发育的耕地土壤中，土壤有效硼含量平均值最高的是紫色砂岩风化物，其次是花岗岩风化物，冲积物和洪积物最低。冲积物的土壤有效硼标准差最大。琼中县不同成土母质耕地土壤有效硼含量见表 5-44。

表 5-44 琼中县不同成土母质耕地土壤有效硼含量

成土母质	样点数/个	平均值/(mg/kg)	标准差/(mg/kg)
冲积物	3	0.12	0.15
洪积物	50	0.12	0.11
花岗岩风化物	166	0.14	0.13
紫色砂岩风化物	1	0.42	0.00
总计	220	0.13	0.12

三、有效硼含量分级与分布情况

参照《全国九大农区及省级耕地质量监测指标分级标准》，可将土壤有效硼含量划分为五个等级。琼中县各乡镇耕地土壤有效硼含量各等级样点数量和平均值情况见表 5-45。

表 5-45 琼中县各乡镇耕地土壤有效硼统计

乡镇	一级 >2.00mg/kg		二级 1.00~2.00mg/kg		三级 0.50~1.00mg/kg		四级 0.20~0.50mg/kg		五级 ≤0.20mg/kg	
	个数	平均值	个数	平均值	个数	平均值	个数	平均值	个数	平均值
什运乡					2	0.58	8	0.30	35	0.09
湾岭镇							12	0.25	68	0.09
营根镇					1	0.60	7	0.28	37	0.09
长征镇					4	0.63	8	0.30	22	0.08
中平镇									16	0.06
总计					7	0.61	35	0.28	178	0.09

有效硼养分在琼中县五个乡镇仅分布在三至五级，其中占比最高的是五级，为 80.91%，其次是四级，占比为 15.91%，表明琼中县耕地土壤的有效硼含量总体偏低。五级水平中湾岭镇的点位数最多，占五级水平的 38.2%；其次是营根镇，占比为 20.8%。中平镇 16 个点位均处于五级，整体有效硼含量偏低。

第十节 土壤有效硫

一、有效硫含量及空间差异

根据全县 388 个土样的检测结果，琼中县耕地土壤有效硫平均值为 25.18mg/kg，中平镇的平均含量最高，其次是营根镇，和平镇的土壤有效硫含量最低。其余详见表 5-46。

表 5-46　琼中县各乡镇耕地土壤有效硫含量

乡镇	样点数/个	平均值/(mg/kg)	标准差/(mg/kg)
吊罗山乡	32	18.65	5.09
和平镇	31	16.91	8.07
红毛镇	40	20.76	14.99
黎母山镇	64	27.60	12.94
上安乡	40	31.45	26.82
湾岭镇	79	22.73	17.57
营根镇	45	32.84	21.08
长征镇	41	18.08	10.19
中平镇	16	48.82	23.79
总计	388	25.18	18.26

二、有效硫含量及影响因素

1. 不同土壤类型土壤有效硫含量差异

此次采样点位落在琼中县耕地三种主要土壤类型中，分别为水稻土、砖红壤和赤红壤。土壤有效硫含量以水稻土的含量最高，同时水稻土的样点数也最多。其余详见表 5-47。

表 5-47　琼中县耕地主要土壤类型土壤有效硫含量

土类	样点数/个	平均值/(mg/kg)	标准差/(mg/kg)
赤红壤	14	18.46	4.77
水稻土	308	25.64	18.24

续表

土类	样点数/个	平均值/(mg/kg)	标准差/(mg/kg)
砖红壤	66	24.50	19.78
总计	388	25.18	18.26

2. 不同地貌类型土壤有效硫含量差异

琼中县耕地的地貌类型仅有丘陵和山地两种。山地的土壤有效硫含量平均值较高，与丘陵地总体差异不大。丘陵地貌与山地地貌标准差相差较大。琼中县耕地地貌类型土壤有效硫含量见表5-48。

表 5-48 琼中县耕地地貌类型土壤有效硫含量

地貌类型	样点数/个	平均值/(mg/kg)	标准差/(mg/kg)
丘陵	376	24.96	17.67
山地	12	32.17	30.85
总计	388	25.18	18.26

3. 不同成土母质土壤有效硫含量差异

琼中县不同成土母质发育的耕地土壤中，土壤有效硫含量平均值最高的是洪积物，其次是花岗岩风化物，最低的是紫色砂岩风化物。花岗岩风化物的土壤有效硫标准差最大，最小的是冲积物。琼中县不同成土母质耕地土壤有效硫含量见表5-49。

表 5-49 琼中县不同成土母质耕地土壤有效硫含量

成土母质	样点数/个	平均值/(mg/kg)	标准差/(mg/kg)
冲积物	9	24.50	8.45
洪积物	159	26.03	18.02
花岗岩风化物	212	24.79	18.91
紫色砂岩风化物	8	19.51	10.39
总计	388	25.18	18.26

三、有效硫含量分级与分布情况

参照《全国九大农区及省级耕地质量监测指标分级标准》，可将土壤有效硫含量划分为五个等级。琼中县各乡镇耕地土壤有效硫含量各等级样点数量和平均值情况见表5-50。

表 5-50 琼中县各乡镇耕地土壤有效硫统计

乡镇	一级 >50.0mg/kg		二级 30.0~50.0mg/kg		三级 16.0~30.0mg/kg		四级 10.0~16.0mg/kg		五级 ≤10.0mg/kg	
	个数	平均值	个数	平均值	个数	平均值	个数	平均值	个数	平均值
吊罗山乡			1	30.00	21	20.71	9	13.68	1	8.80
和平镇			1	44.60	12	22.49	13	13.29	5	7.36
红毛镇	2	73.05	4	40.07	16	20.05	15	12.05	3	7.50
黎母山镇	5	55.50	19	37.31	26	23.70	11	12.87	3	7.43
上安乡	2	141.85	11	37.21	22	22.35	5	14.70		
湾岭镇	8	64.19	8	37.77	33	22.23	9	13.40	21	5.98
营根镇	8	69.43	12	38.68	15	23.09	8	12.09	2	7.60
长征镇	1	58.10	4	34.65	16	20.21	14	12.91	6	6.72
中平镇	6	73.02	6	44.00	3	25.53			1	2.50
总计	32	71.01	66	38.21	164	22.03	84	12.97	42	6.52

有效硫养分在琼中县遍布五个级别，其中占比最高的是三级，为42.27%，其次是四级，占比为21.65%，表明琼中县耕地土壤的有效硫含量为中等偏下水平。三级水平中湾岭镇的点位数最多，占三级水平的20.12%；其次是黎母山镇，占比为15.85%。四级水平中红毛镇的点位数最多，占四级水平的17.86%；其次是长征镇，占比为16.67%。

第六章
琼中县耕地其他土壤质量状况

第一节 土壤pH

土壤pH是影响土壤理化性质的重要化学指标，土壤酸化是土壤退化的一个重要方面，土壤酸化导致铝、锰和氢对植物毒害及土壤中营养元素的缺乏，从而使作物减产。土壤酸化的重要性不仅在于它对农业和生态环境的当前影响，更重要的是受它影响的土地面积及它对农业和环境的影响程度都将随时间的增加而迅速增加。土壤酸化是一个自然过程，但这一过程的速度通常非常缓慢。最近几十年来，由于人类活动的影响，琼中县土壤的酸化程度仍在加剧。

一、pH含量及空间差异

根据全县2159个土样的检测结果，琼中县耕地土壤pH平均值为5.30，什运乡的pH平均值最高，其次是营根镇，吊罗山乡的土壤pH含量最低。其余详见表6-1。

表6-1 琼中县各乡镇耕地土壤pH含量

乡镇	样点数/个	平均值	标准差
吊罗山乡	151	4.77	0.34
和平镇	187	4.92	0.36
红毛镇	208	5.07	0.31
黎母山镇	353	5.11	0.42
上安乡	200	4.97	0.29
什运乡	145	5.84	0.37

续表

乡镇	样点数/个	平均值	标准差
湾岭镇	383	5.45	0.32
营根镇	240	5.78	0.29
长征镇	209	5.56	0.45
中平镇	83	5.56	0.29
总计	2159	5.30	0.49

二、pH 含量及影响因素

1. 不同土壤类型土壤 pH 含量差异

此次采样点位落在琼中县耕地四种主要土壤类型中，分别为水稻土、砖红壤、赤红壤和紫色土。土壤 pH 以水稻土最高，同时水稻土的样点数也最多。赤红壤 pH 均值为 4.70，整体偏酸。其余详见表 6-2。

表 6-2 琼中县耕地主要土壤类型土壤 pH 含量

土类	样点数/个	平均值	标准差
赤红壤	63	4.70	0.43
水稻土	1335	5.34	0.44
砖红壤	755	5.27	0.53
紫色土	6	5.22	0.67
总计	2159	5.30	0.50

2. 不同地貌类型土壤 pH 含量差异

琼中县耕地的地貌类型仅有丘陵和山地两种。丘陵的土壤 pH 与山地差异不显著。琼中县耕地地貌类型土壤 pH 含量见表 6-3。

表 6-3 琼中县耕地地貌类型土壤 pH 含量

地貌类型	样点数/个	平均值	标准差
丘陵	2058	5.30	0.48
山地	101	5.16	0.53
总计	2159	5.30	0.50

3. 不同成土母质土壤 pH 含量差异

琼中县不同成土母质发育的耕地土壤中，土壤 pH 平均值最高的是花岗岩风化物和洪积物，其次是冲积物和紫色砂岩风化物。四种母质土壤 pH 标准差相差不大。琼中县不同成土母质耕地土壤 pH 含量见表 6-4。

表 6-4 琼中县不同成土母质耕地土壤 pH 含量

成土母质	样点数/个	平均值	标准差
冲积物	30	5.25	0.44
洪积物	651	5.30	0.43
花岗岩风化物	1424	5.30	0.51
紫色砂岩风化物	54	5.25	0.46
总计	2159	5.30	0.50

三、pH 含量分级与分布情况

参照《全国九大农区及省级耕地质量监测指标分级标准》，可将土壤 pH 划分为五个等级。琼中县各乡镇耕地土壤 pH 各等级样点数量和平均值情况见表 6-5。

表 6-5 琼中县各乡镇耕地土壤 pH 统计

乡镇	一级 6.0~7.0		二级 5.5~6.0		三级 5.0~5.5		四级 4.5~5.0		五级 ≤4.5	
	个数	平均值	个数	平均值	个数	平均值	个数	平均值	个数	平均值
吊罗山乡	1	6.10	4	5.63	36	5.09	80	4.74	30	4.30
和平镇	4	6.10	11	5.62	57	5.15	106	4.74	9	4.31
红毛镇	2	6.00	18	5.59	120	5.17	63	4.77	5	4.36
黎母山镇	10	6.39	51	5.65	167	5.19	112	4.73	13	4.32
上安乡			6	5.58	104	5.15	81	4.75	9	4.36
什运乡	52	6.24	70	5.71	23	5.30				
湾岭镇	17	6.11	184	5.66	162	5.22	20	4.79		
营根镇	61	6.13	151	5.73	27	5.30	1	4.80		
长征镇	23	6.16	127	5.71	33	5.27	22	4.76	4	4.08
中平镇	9	6.03	41	5.69	32	5.28	1	4.90		
总计	179	6.17	663	5.69	761	5.19	486	4.74	70	4.30

pH 在琼中县遍布五个级别，其中占比最高的是三级，为 35.25%，其次是二级，占比为 30.71%，表明琼中县耕地土壤的 pH 整体呈酸性。三级水平中黎母山镇的点位数最多，占三级水平的 21.94%；其次是湾岭镇，占比为 21.29%。二级水平中湾岭镇的点位数最多，占二级水平的 27.75%。

第二节 土壤有机质

一、有机质含量及空间差异

根据全县 2159 个土样的检测结果，琼中县耕地土壤有机质平均值为 22.49mg/kg，其中中平镇的平均含量最高，其次是长征镇，什运乡的土壤有机质含量最低。其余详见表 6-6。

表 6-6 琼中县各乡镇耕地土壤有机质含量

乡镇	样点数/个	平均值/(mg/kg)	标准差/(mg/kg)
吊罗山乡	151	20.72	5.44
和平镇	187	20.10	6.30
红毛镇	208	21.02	13.54
黎母山镇	353	19.96	6.88
上安乡	200	22.50	6.09
什运乡	145	16.73	8.59
湾岭镇	383	23.99	11.69
营根镇	240	25.59	7.47
长征镇	209	26.13	7.57
中平镇	83	30.38	7.06
总计	2159	22.49	9.30

二、有机质含量及影响因素

1. 不同土壤类型土壤有机质含量差异

此次采样点位落在琼中县耕地三种主要土壤类型中，分别为水稻土、砖红壤和赤红壤。土壤有机质含量以水稻土的含量最高，同时水稻土的样点数也最多。其余详见表 6-7。

表 6-7 琼中县耕地主要土壤类型土壤有机质含量

土类	样点数/个	平均值/(mg/kg)	标准差/(mg/kg)
赤红壤	63	19.01	4.67
水稻土	1335	23.58	10.04

续表

土类	样点数/个	平均值/(mg/kg)	标准差/(mg/kg)
砖红壤	755	20.92	7.82
总计	2159	22.48	9.08

2. 不同地貌类型土壤有机质含量差异

琼中县耕地的地貌类型仅有丘陵和山地两种。丘陵的土壤有机质含量平均值较高，与山地的整体相差不大。琼中县耕地地貌类型土壤有机质含量见表6-8。

表6-8 琼中县耕地地貌类型土壤有机质含量

地貌类型	样点数/个	平均值/(mg/kg)	标准差/(mg/kg)
丘陵	2058	22.53	9.43
山地	101	21.64	6.05
总计	2159	22.49	9.30

3. 不同成土母质土壤有机质含量差异

琼中县不同成土母质发育的耕地土壤中，土壤有机质含量平均值最高的是冲积物，其次是洪积物，最低的是紫色砂岩风化物。琼中县不同成土母质耕地土壤有机质含量见表6-9。

表6-9 琼中县不同成土母质耕地土壤有机质含量

成土母质	样点数/个	平均值/(mg/kg)	标准差/(mg/kg)
冲积物	30	26.55	9.54
洪积物	651	23.94	9.89
花岗岩风化物	1424	21.98	8.99
紫色砂岩风化物	54	16.07	4.39
总计	2159	22.49	9.30

三、有机质含量分级与分布情况

参照《全国九大农区及省级耕地质量监测指标分级标准》，可将土壤有机质含量划分为五个等级。琼中县各乡镇耕地土壤有机质含量各等级样点数量和平均值情况见表6-10。

表 6-10 琼中县各乡镇耕地土壤有机质统计

乡镇	一级 >35.0g/kg		二级 30.0~35.0g/kg		三级 20.0~30.0g/kg		四级 10.0~20.0g/kg		五级 ≤10.0g/kg	
	个数	平均值	个数	平均值	个数	平均值	个数	平均值	个数	平均值
吊罗山乡	1	35.30	8	31.99	71	23.82	69	16.45	2	5.60
和平镇	4	39.98	12	31.30	73	23.41	93	15.84	5	8.18
红毛镇	3	90.93	7	32.33	94	23.67	100	16.39	4	2.58
黎母山镇	5	37.54	20	31.96	153	24.20	151	15.65	24	6.43
上安乡	4	40.22	13	31.68	121	24.38	58	16.38	4	7.00
什运乡	1	98.90			35	23.18	97	14.68	12	7.72
湾岭镇	39	45.37	45	32.04	164	24.61	110	16.28	25	5.99
营根镇	27	38.25	36	32.22	127	25.17	45	16.08	5	5.82
长征镇	26	39.89	29	31.74	112	25.26	39	17.02	3	3.63
中平镇	21	38.87	24	32.42	33	25.77	5	15.32		
总计	131	42.53	194	32.01	983	24.42	767	15.96	84	6.28

有机质养分在琼中县遍布五个级别，其中占比最高的是三级，为45.53%，其次是四级，占比为35.53%，表明琼中县耕地土壤的有机质含量在中等偏下水平。三级水平中湾岭镇的点位数最多，占三级水平的16.68%；其次是黎母山镇，占比为15.56%。四级水平中黎母山镇的点位数最多，占四级水平的19.69%；其次是湾岭镇，占比为14.34%。

第三节 排灌能力

根据全县2159个点位数据，不同乡镇耕地排灌能力的调查及评价数据见表6-11，琼中县不满足灌溉能力的耕地占比为5.33%，全县充分满足灌溉能力和满足灌溉能力的耕地占比分别为46.64%和29.46%。琼中县各乡镇中，湾岭镇不满足基本灌溉能力的耕地占比为17.23%，黎母山镇、什运乡、长征镇和中平镇不满足基本灌溉能力的耕地占比均为0%。整体而言，琼中县不同乡镇的耕地均具有良好的灌溉能力。

不同乡镇的耕地均具有较好的排水能力，全省仅3.29%耕地不满足排水能力。各乡镇中，什运乡不满足排水能力的耕地占比为42.07%，其他乡镇不满足排水能力的耕地占比更低，其中大部分乡镇充分满足排水能力占比超过50%。

表 6-11 琼中县各乡镇灌排能力

乡镇	样点数/个	灌溉能力/%				排水能力/%			
		充分满足	满足	基本满足	不满足	充分满足	满足	基本满足	不满足
吊罗山乡	151	35.10	48.34	15.23	1.32	77.48	21.85	0.66	0.00
和平镇	187	24.06	29.95	43.85	2.14	63.64	35.83	0.00	0.53
红毛镇	208	56.73	41.35	0.00	1.92	21.63	57.21	21.15	0.00
黎母山镇	353	52.41	0.00	47.59	0.00	53.54	45.33	0.00	1.13
上安乡	200	0.00	67.50	24.50	8.00	69.00	30.50	0.00	0.50
什运乡	145	5.52	94.48	0.00	0.00	0.69	57.24	0.00	42.07
湾岭镇	383	77.55	0.52	4.70	17.23	82.77	16.97	0.26	0.00
营根镇	240	77.08	7.08	6.25	9.58	55.00	43.75	0.00	1.25
长征镇	209	49.76	50.24	0.00	0.00	55.02	44.50	0.00	0.48
中平镇	83	14.46	30.12	55.42	0.00	73.49	26.51	0.00	0.00
总计	2159	46.64	29.46	18.57	5.33	57.16	37.42	2.13	3.29

第四节　耕层厚度

构建合理耕层结构是改善土壤结构、提高土壤蓄水能力和作物水分利用效率的重要途径。

一、耕层厚度及空间差异

根据全县 2159 个土样的检测结果，琼中县耕地土壤耕层厚度平均值为 21.52cm，其中上安乡的平均值最高，其次是吊罗山乡，什运乡的土壤耕层最薄。其余详见表 6-12。

表 6-12 琼中县各乡镇耕地土壤耕层厚度

乡镇	采样点数/个	平均值/cm	标准差/cm
吊罗山乡	151	23.24	5.01
和平镇	187	20.42	3.56
红毛镇	208	19.95	4.10
黎母山镇	353	22.13	5.53
上安乡	200	25.00	5.09

续表

乡镇	采样点数/个	平均值/cm	标准差/cm
什运乡	145	15.88	4.35
湾岭镇	383	22.13	3.57
营根镇	240	20.84	3.50
长征镇	209	22.29	3.92
中平镇	83	20.81	4.13
总计	2159	21.52	4.79

二、耕层厚度及影响因素

1. 不同土壤类型土壤耕层厚度差异

此次采样点位落在琼中县耕地四种主要土壤类型中，分别为水稻土、砖红壤、赤红壤和紫色土。土壤耕层厚度以赤红壤最厚，水稻土最薄，详见表6-13。

表6-13 琼中县耕地主要土壤类型土壤耕层厚度

土类	采样点数/个	平均值/cm	标准差/cm
赤红壤	63	29.46	1.81
水稻土	1335	18.81	1.81
砖红壤	755	25.65	4.92
紫色土	6	20.50	3.59
总计	2159	21.52	4.79

2. 不同地貌类型土壤耕层厚度差异

琼中县耕地的地貌类型仅有丘陵和山地两种。山地的土壤耕层厚度平均值较厚，与丘陵地总体相差不大。琼中县耕地地貌类型土壤耕层厚度见表6-14。

表6-14 琼中县耕地地貌类型土壤耕层厚度

地貌类型	采样点数/个	平均值/cm	标准差/cm
丘陵	2058	21.39	4.64
山地	101	24.07	6.69
总计	2159	21.52	4.79

3. 不同成土母质土壤耕层厚度差异

琼中县成土母质主要分冲积物、洪积物、花岗岩风化物和紫色砂岩风化物四种。不同成土母质发育的耕地土壤中，土壤耕层厚度平均值最高的是花岗岩风化物；其他三种母质耕层厚度均在18cm左右，差异不显著。琼中县不同成土母质耕地土壤耕层厚度见表6-15。

表6-15 琼中县不同成土母质耕地土壤耕层厚度

成土母质	采样点数/个	平均值/cm	标准差/cm
冲积物	30	18.57	0.88
洪积物	651	18.56	1.19
花岗岩风化物	1424	23.05	5.17
紫色砂岩风化物	54	18.35	3.83
总计	2159	21.52	4.79

第五节　质地构型

质地构型包括上紧下松型、上松下紧型、薄层型、松散型、紧实型、夹层型、海绵型等。质地构型可影响耕地土壤水分、养分库容量和作物根系生长。

一、质地构型及空间差异

根据全县2159个耕地土壤样点数据，琼中县耕地土壤质地构型主要以上松下紧型、上紧下松型和紧实型为主，其中旱地、水浇地和水田的质地构型情况见表6-16。

表6-16 琼中县各土地利用类型土壤质地构型

土地利用类型	采样点数/个	质地构型/%		
		紧实型	上紧下松型	上松下紧型
旱地	589	1.70	7.98	90.32
水浇地	10	0.00	0.00	100.00
水田	1560	0.45	10.64	88.91
总计	2159	0.79	9.87	89.35

根据全县2159个土样数据，琼中县耕地土壤质地构型主要为上松下紧型，其占比高达89.35%，吊罗山乡、红毛镇、什运乡、湾岭镇、营根镇和长征镇均为上松下紧型质地构型；紧实型质地构型土壤较少，占比仅0.79%，主要分布在和平镇和上安乡。详见表6-17。

表 6-17 琼中县各乡镇耕地土壤质地构型

乡镇	采样点数/个	质地构型/%		
		紧实型	上紧下松型	上松下紧型
吊罗山乡	151	0.00	0.00	100.00
和平镇	187	0.53	0.00	99.47
红毛镇	208	0.00	0.00	100.00
黎母山镇	353	0.00	48.73	51.27
上安乡	200	8.00	0.00	92.00
什运乡	145	0.00	0.00	100.00
湾岭镇	383	0.00	0.00	100.00
营根镇	240	0.00	0.00	100.00
长征镇	209	0.00	0.00	100.00
中平镇	83	0.00	49.40	50.60
总计	2159	0.79	9.87	89.35

二、质地构型及影响因素

1. 不同土壤类型土壤质地构型含量差异

此次采样点位落在琼中县耕地四种主要土壤类型中，分别为水稻土、砖红壤、紫色土和赤红壤。水稻土与砖红壤存在三种质地构型，但绝大部分依然是上松下紧型，上紧下松型土壤占比约为10%，紧实型也仅1%左右。详见表6-18。

表 6-18 琼中县耕地主要土壤类型土壤质地构型

土类	采样点数/个	质地构型/%		
		紧实型	上紧下松型	上松下紧型
赤红壤	63	0.00	0.00	100.00
水稻土	1335	0.45	11.09	88.46
砖红壤	755	1.46	8.61	89.93
紫色土	6	0.00	0.00	100.00
总计	2159	0.79	9.87	89.35

2. 不同地貌类型土壤质地构型差异

琼中县耕地的地貌类型仅有丘陵和山地两种。两种地貌中均分布有不同的三种质地构型，从表6-19可以看出紧实型的质地构型在地貌为山地的占比会高于丘陵地貌，而上紧下松型却正好相反。

表 6-19 琼中县耕地地貌类型土壤质地构型

地貌类型	采样点数/个	质地构型/%		
		紧实型	上紧下松型	上松下紧型
丘陵	2058	0.73	10.30	88.97
山地	101	1.98	0.99	97.03
总计	2159	0.79	9.87	89.35

3. 不同成土母质土壤质地构型差异

琼中县不同成土母质发育的耕地土壤中，土壤质地构型以上松下紧型为主，冲积物和紫色砂岩风化物均为上松下紧型。琼中县不同成土母质耕地土壤质地构型见表 6-20。

表 6-20 琼中县不同成土母质耕地土壤质地构型

成土母质	采样点数/个	质地构型/%		
		紧实型	上紧下松型	上松下紧型
冲积物	30	0.00	0.00	100.00
洪积物	651	0.92	16.28	82.80
花岗岩风化物	1424	0.77	7.51	91.71
紫色砂岩风化物	54	0.00	0.00	100.00
总计	2159	0.79	9.87	89.35

第七章
琼中县耕地质量等级分布及特征

第一节 耕地质量等级面积与分布

一、全县耕地质量等级概况

琼中县耕地总面积为 11099.47 hm^2，根据质量等级划分结果得出琼中县耕地质量等级中一级地和二级地的面积为 0；五级地占比最大；六级地占比第二。其余详见表 7-1。

表 7-1 琼中县耕地质量等级面积分布

等级	面积/hm^2	占比/%
三级地	227.97	2.05
四级地	1180.87	10.64
五级地	2615.21	23.56
六级地	2399.24	21.62
七级地	1488.42	13.41
八级地	913.29	8.23
九级地	1053.24	9.49
十级地	1221.23	11.00
合计	11099.47	100.0

二、不同耕地利用类型质量等级概况

由表 7-2 可知，琼中县的耕地类型有水田、旱地和水浇地 3 种，水田的总面

积最大为 8933.27hm²，其次是旱地 2146.78hm²，水浇地面积最小，仅有 19.44hm²。在各等级耕地中，水田的占比是最大的。

灌溉水田中五级地分布最大，其次是六级地，最小是三级地。旱地同样在五级地分布最大，其次是六级地，三级地面积最小。水浇地中六级地面积最大。灌溉水田各等级面积分布大小顺序为：五级地＞六级地＞七级地＞四级地＞十级地＞九级地＞八级地＞三级地；旱地各等级面积分布大小顺序为：五级地＞六级地＞十级地＞七级地＞九级地＞八级地＞四级地＞三级地；水浇地各等级面积分布大小顺序为：六级地＞五级地＞七级地＞四级地＞九级地＞八级地＞十级地＞三级地。其余详见表 7-2。

表 7-2 琼中县不同耕地类型质量等级分布

地类名称	三级地		四级地		五级地		六级地	
	面积/hm²	占比/%	面积/hm²	占比/%	面积/hm²	占比/%	面积/hm²	占比/%
旱地	38.58	1.80	172.01	8.01	394.65	18.38	355.35	16.55
水浇地	0.12	0.62	1.98	10.19	5.42	27.88	5.59	28.76
水田	189.26	2.12	1006.88	11.27	2215.14	24.80	2038.30	22.82
地类名称	七级地		八级地		九级地		十级地	
	面积/hm²	占比/%	面积/hm²	占比/%	面积/hm²	占比/%	面积/hm²	占比/%
旱地	336.92	15.69	238.88	11.13	258.04	12.02	352.35	16.41
水浇地	3.36	17.28	0.96	4.94	1.37	7.05	0.64	3.29
水田	1148.14	12.85	673.45	7.54	793.84	8.89	868.25	9.72

三、不同乡镇耕地质量等级概况

琼中县各乡镇的耕地质量等级分布见表 7-3，全县各等级耕地分布差异明显。总体而言，中部地区的耕地质量高于四周外围地区，具有明显的地域性分布规律。全县耕地面积最大的乡镇是湾岭镇，面积为 2473.48hm²，其次是黎母山镇，面积为 2060.21hm²，排在第三的是营根镇，面积为 1624.54hm²；最小的三个乡镇依次是什运乡、吊罗山乡和上安乡，面积分别为 445.46hm²、448.32hm² 和 561.83hm²。

湾岭镇耕地质量等级总体中等，各等级耕地面积中最大为五级地，其次是六级地；黎母山镇耕地质量等级偏低，各等级耕地面积中最大的是九级地，其次是十级地；营根镇质量等级总体中等，各等级耕地面积中最大的是四级地，其次为五级地。其余乡镇各质量等级情况见表 7-3。

表 7-3 琼中县各乡镇耕地质量等级分布统计表

地类名称	三级地 面积/hm²	占比/%	四级地 面积/hm²	占比/%	五级地 面积/hm²	占比/%	六级地 面积/hm²	占比/%
吊罗山乡	0.00	0.00	0.00	0.00	26.26	5.86	262.41	58.53
和平镇	0.00	0.00	0.00	0.00	0.00	0.00	166.56	18.06
红毛镇	111.18	12.16	361.00	39.48	236.52	25.87	120.61	13.19
黎母山镇	0.00	0.00	0.00	0.00	123.22	5.98	443.16	21.51
上安乡	0.00	0.00	0.00	0.00	29.61	5.27	214.01	38.09
什运乡	115.03	25.82	20.53	4.61	201.94	45.33	42.12	9.46
湾岭镇	0.00	0.00	116.97	4.73	951.34	38.46	718.17	29.03
营根镇	1.75	0.11	664.16	40.88	632.90	38.96	79.06	4.87
长征镇	0.00	0.00	18.21	2.19	332.49	40.02	211.97	25.52
中平镇	0.00	0.00	0.00	0.00	80.94	9.89	141.16	17.25

地类名称	七级地 面积/hm²	占比/%	八级地 面积/hm²	占比/%	九级地 面积/hm²	占比/%	十级地 面积/hm²	占比/%
吊罗山乡	48.36	10.79	105.75	23.59	5.54	1.24	0.00	0.00
和平镇	12.09	1.31	158.65	17.20	238.46	25.86	346.52	37.57
红毛镇	67.97	7.43	0.00	0.00	17.06	1.87	0.00	0.00
黎母山镇	337.91	16.40	123.15	5.98	584.67	28.38	448.10	21.75
上安乡	218.26	38.85	89.33	15.90	0.00	0.00	10.62	1.89
什运乡	54.01	12.12	11.83	2.66	0.00	0.00	0.00	0.00
湾岭镇	345.23	13.96	278.86	11.27	60.01	2.43	2.90	0.12
营根镇	123.49	7.60	105.97	6.52	16.33	1.01	0.88	0.05
长征镇	226.52	27.27	37.76	4.55	0.00	0.00	3.77	0.45
中平镇	54.57	6.67	2.00	0.24	131.17	16.03	408.44	49.91

四、不同土壤类型质量等级概况

琼中县的耕地主要土壤类型有水稻土、砖红壤、赤红壤、紫色土和黄壤；其中分布面积最大的为水稻土，占比约87.91%，最小为黄壤，面积占比仅0.03%，各土壤类型耕地面积大小排序为：水稻土＞砖红壤＞赤红壤＞紫色土＞黄壤。各土壤类型耕地的不同质量等级面积分布情况见表7-4。

表 7-4 琼中县不同土壤类型耕地质量等级分布

地类名称	三级地 面积/hm²	占本等级比例/%	四级地 面积/hm²	占本等级比例/%	五级地 面积/hm²	占本等级比例/%	六级地 面积/hm²	占本等级比例/%
砖红壤	44.49	19.52	190.73	16.15	163.53	6.25	368.40	15.35
黄壤	0.00	0.00	0.00	0.00	0.00	0.00	0.00	0.00
水稻土	183.47	80.48	980.03	82.99	2426.87	92.80	1957.49	81.59
赤红壤	0.00	0.00	10.11	0.86	24.81	0.95	71.27	2.97
紫色土	0.00	0.00	0.00	0.00	0.00	0.00	2.08	0.09
总计	227.96	100.00	1180.87	100.00	2615.21	100.00	2399.24	100.00

地类名称	七级地 面积/hm²	占本等级比例/%	八级地 面积/hm²	占本等级比例/%	九级地 面积/hm²	占本等级比例/%	十级地 面积/hm²	占本等级比例/%
砖红壤	116.93	7.86	92.70	10.15	21.56	2.05	3.77	0.31
黄壤	3.02	0.20	0.00	0.00	0.00	0.00	0.00	0.00
水稻土	1301.82	87.46	730.31	79.96	1008.99	95.80	1168.76	95.70
赤红壤	58.60	3.94	90.28	9.89	22.68	2.15	48.71	3.99
紫色土	8.04	0.54	0.00	0.00	0.00	0.00	0.00	0.00
总计	1488.41	100.00	913.29	100.00	1053.23	100.00	1221.24	100.00

第二节　三级耕地分布与特征

一、面积与分布

全县三级地总面积227.96hm²，占全县耕地总面积的2.05%。在三级地的分布中，仅红毛镇、什运乡和营根镇3个乡镇有所分布。分布面积最大的是什运乡，其次为红毛镇，最后是营根镇，其余详见表7-5。

表 7-5 三级地在琼中县各乡镇分布情况

乡镇	面积/hm²	占三级地面积比例/%	占全县耕地面积比例/%
什运乡	115.03	50.46	1.04
红毛镇	111.18	48.77	1.00
营根镇	1.75	0.77	0.02
吊罗山乡	0.00	0.00	0.00
和平镇	0.00	0.00	0.00

乡镇	面积/hm²	占三级地面积比例/%	占全县耕地面积比例/%
黎母山镇	0.00	0.00	0.00
上安乡	0.00	0.00	0.00
湾岭镇	0.00	0.00	0.00
长征镇	0.00	0.00	0.00
中平镇	0.00	0.00	0.00
合计	227.96	100.00	2.05

二、主要属性特征

三级地主要分布在丘陵下部地带；成土母质以花岗岩为主；质地类型为重壤和中壤，重壤占三级地总面积的80.48%；有充分的排灌能力，土壤的保肥、保水性能比较好；交通通达度较高，适用于机械化作业；土层深厚，有效土层厚度100cm；土壤类型以水稻土和砖红壤为主。土壤养分含量稍好，有机质含量偏低，83.93%的面积处于四级水平；全氮含量较低，89.13%的面积在四级水平；有效磷含量较高，全部为一级水平；速效钾含量中等，有60.58%的面积处于三级水平，详见表7-6。

三级地在利用方式上，以晚稻-冬春瓜菜为主，作物相对产量较高，一般水稻年亩产900~1000kg。需要注意合理施用氮肥和有机肥，增加土壤有机质。

表7-6 三级地土壤养分分级统计表

项目	有机质		全氮		有效磷		速效钾	
	面积/hm²	占比/%	面积/hm²	占比/%	面积/hm²	占比/%	面积/hm²	占比/%
一级					227.97	100.00		
二级							89.87	39.42
三级	36.63	16.07	24.80	10.88			138.10	60.58
四级	191.33	83.93	203.17	89.13				
五级								

第三节 四级耕地分布与特征

一、面积与分布

全县四级地总面积1180.87hm²，占耕地总面积的10.64%。主要分布在营根镇、红毛镇和湾岭镇,少部分分布在什运乡和长征镇。分布面积最大的是营根镇,其次为红毛镇,排在第三的是湾岭镇,其余详见表 7-7。

表 7-7 四级地在琼中县各乡镇分布情况

乡镇	面积/hm²	占三级地面积/%	占全县耕地面积/%
营根镇	664.16	56.24	5.98
红毛镇	361.00	30.57	3.25
湾岭镇	116.97	9.91	1.05
什运乡	20.53	1.74	0.18
长征镇	18.21	1.54	0.16
吊罗山乡	0.00	0.00	0.00
和平镇	0.00	0.00	0.00
黎母山镇	0.00	0.00	0.00
上安乡	0.00	0.00	0.00
中平镇	0.00	0.00	0.00
合计	1180.87	100.00	10.64

二、主要属性特征

四级地主要分布在丘陵下部地带;成土母质以花岗岩为主;质地类型主要为砂壤,占四级地总面积的 74.26%;有充分的排灌能力,土壤的保肥、保水性能比较好;交通通达度较高,适用于机械化作业;土层深厚,有效土层厚度 100cm;土壤类型以水稻土和赤红壤为主。土壤养分含量中等,土壤有机质含量偏低,89.94% 的面积处于四级水平;全氮含量中等,有 85.40% 的面积处于三级水平;有效磷含量充足,一级水平和二级水平的面积总和超过 80%;速效钾含量中等,93.94% 的面积处于三级水平,详见表 7-8。

四级地在利用方式上,以晚稻-冬春瓜菜为主,作物相对产量较高,一般水稻年亩产 900~1000kg。需要注意增加土壤有机质和钾肥、氮肥的合理施用。

表 7-8 四级地土壤养分分级统计表

项目	有机质		全氮		有效磷		速效钾	
	面积/hm²	占比/%	面积/hm²	占比/%	面积/hm²	占比/%	面积/hm²	占比/%
一级					673.36	57.02		
二级					357.30	30.26	1.51	0.13

续表

项目	有机质		全氮		有效磷		速效钾	
	面积/hm²	占比/%	面积/hm²	占比/%	面积/hm²	占比/%	面积/hm²	占比/%
三级	118.85	10.06	1008.44	85.40	126.73	10.73	1109.26	93.94
四级	1062.02	89.94	172.44	14.60	23.48	1.99	70.10	5.94
五级								

第四节 五级耕地分布与特征

一、面积与分布

全县五级地总面积2615.22hm²，占全县耕地总面积的23.56%。在五级地的分布中，仅和平镇没有分布，其他乡镇均有分布，其中分布面积最大的是湾岭镇，其次为营根镇。其余详见表7-9。

表7-9 五级地在琼中县各乡镇分布情况

乡镇	面积/hm²	占五级地面积/%	占全县耕地总面积/%
湾岭镇	951.34	36.38	8.57
营根镇	632.90	24.20	5.70
长征镇	332.49	12.71	3.00
红毛镇	236.52	9.04	2.13
什运乡	201.94	7.72	1.82
黎母山镇	123.22	4.71	1.11
中平镇	80.94	3.09	0.73
上安乡	29.61	1.13	0.27
吊罗山乡	26.26	1.00	0.24
和平镇	0.00	0.00	0.00
合计	2615.22	100.00	23.56

二、主要属性特征

五级地以水田为主，面积为2215.14hm²，旱地和水浇地均有分布；成土母质以花岗岩为主，还有部分砂页岩和紫色岩；质地以重壤为主，质地适中，保肥、保水性能比较好；有较好的排灌保证，交通通达度便利；以水稻土和赤红壤为主；有效土层厚度100cm，耕层土壤养分含量稍好，有机质含量偏低，有25.12%的面积处于三级水平，有74.85%的面积处于四级水平；全氮含量中等，78.36%的面积处于三级水平；有效磷含量较好，分别有18.70%、41.16%和34.64%的面积处于一级、三级和四级水平；速效钾含量一般，有76.09%的面积处于三级水平，20.45%的面积处于四级水平，详见表7-10。

五级地在土地利用方式上，以晚稻-冬春瓜菜为主，海拔稍高台地区以种植双季稻或是稻-菜轮作为主。作物产量相对较高，一般水稻年亩产在800~900kg。需要注意增加土壤有机质和钾肥、氮肥的合理施用。

表7-10 五级地土壤养分分级统计表

项目	有机质		全氮		有效磷		速效钾	
	面积/hm²	占比/%	面积/hm²	占比/%	面积/hm²	占比/%	面积/hm²	占比/%
一级					488.92	18.70		
二级					143.98	5.51	90.38	3.46
三级	657.63	25.15	2049.32	78.36	1076.48	41.16	1989.94	76.09
四级	1957.58	74.85	565.89	21.64	905.84	34.64	534.90	20.45
五级								

第五节 六级耕地分布与特征

一、面积与分布

全县六级地总面积2399.23hm²，占全省耕地总面积的21.62%，在各乡镇均有分布。分布面积最大的是湾岭镇，其次为黎母山镇，然后是吊罗山乡，面积分布最小的是什运乡，其余详见表7-11。

表7-11 六级地在琼中县各乡镇分布情况

乡镇	面积/hm²	占六级地面积/%	占全县耕地总面积/%
湾岭镇	718.17	29.93	6.47
黎母山镇	443.16	18.47	3.99
吊罗山乡	262.41	10.94	2.36

续表

乡镇	面积/hm²	占六级地面积/%	占全县耕地总面积/%
上安乡	214.01	8.92	1.93
长征镇	211.97	8.83	1.91
和平镇	166.56	6.94	1.50
中平镇	141.16	5.88	1.27
红毛镇	120.61	5.03	1.09
营根镇	79.06	3.30	0.71
什运乡	42.12	1.76	0.38
合计	2399.23	100.00	21.62

二、主要属性特征

六级地主要分布在丘间洼地、低丘坡麓的中下部，土地平整性稍差。成土母质以花岗岩为主，还有部分砂页岩和紫色岩；平原部分地区地势稍低；排灌条件较好，基本能满足需求；土壤类型以水稻土和典型砖红壤性土为主；有效土层厚度100cm；质地以中壤为主，少部分为砂壤和重壤。耕层养分水平不平衡，有机质含量中等，有39.33%的面积处于三级水平，有60.67%的面积处于四级水平；全氮含量水平一般，仅处于三级和四级水平，面积占比分别为72.99%和27.01%；有效磷含量水平较低，在四级水平的面积为80.09%；速效钾含量水平中等，分别有50.09%和49.46%的面积处于三级和四级水平，详见表7-12。

六级地土地平整性略差，土壤物理性能一般，养分不协调，利用方式上，主要以种植双季稻和晚稻-冬春瓜菜轮作为主，水稻一般年亩产量为700~800kg，总体来说该等级土地应实行精耕细作、扩种绿肥、实行秸秆还田，以提高土壤的整体性能，以达到提升地力的目标。

表7-12 六级地土壤养分分级统计表

项目	有机质		全氮		有效磷		速效钾	
	面积/hm²	占比/%	面积/hm²	占比/%	面积/hm²	占比/%	面积/hm²	占比/%
一级					115.08	4.80		
二级					88.77	3.70	10.72	0.45
三级	943.61	39.33	1751.21	72.99	250.53	10.44	1201.80	50.09
四级	1455.63	60.67	648.03	27.01	1921.53	80.09	1186.73	49.46
五级					23.33	0.97		

第六节 七级耕地分布与特征

一、面积与分布

全县七级地总面积1488.41hm^2，占全省耕地总面积的13.41%。在七级地的分布中，各镇均有分布，其中分布面积最大的是湾岭镇，其次为黎母山镇和长征镇，面积分布最小的是和平镇，其余详见表7-13。

表7-13 七级地在琼中县各乡镇分布情况

乡镇	面积/hm^2	占七级地面积/%	占全县耕地总面积/%
湾岭镇	345.23	23.19	3.11
黎母山镇	337.91	22.70	3.04
长征镇	226.52	15.22	2.04
上安乡	218.26	14.66	1.97
营根镇	123.49	8.30	1.11
红毛镇	67.97	4.57	0.61
中平镇	54.57	3.67	0.49
什运乡	54.01	3.63	0.49
吊罗山乡	48.36	3.25	0.44
和平镇	12.09	0.81	0.11
合计	1488.41	100.00	13.41

二、主要属性特征

七级地主要分布在山地坡下、丘陵区冲垄的中下部和低丘坡麓的中部地区。成土母质以花岗岩为主，还有部分砂页岩和紫色岩。排灌条件一般，以山塘水库自留灌溉，天然河道与田间沟渠排水为主，平原地带有动力排灌设施，基本能够满足排灌要求。土壤类型以潴育型水稻土和淹育型水稻土为主。有效土层厚度在90~100cm，质地以重壤为主，耕层养分水平一般，有机质含量偏低，77.13%的面积处于四级水平；全氮含量中等，有72.58%的面积处于三级水平；有效磷含量中等，有20.48%的面积处于三级水平，58.61%处于四级水平；速效钾含量稍好，64.20%的面积处于三级水平，详见表7-14。

七级地肥力水平中等，与六级地类似，土壤排涝能力好，但可耕性略差，灌溉保证率稍差，土壤物理性能稍差，土体结构性不良。该等级土壤应实行精耕细作，增施有机肥和磷、钾肥，扩种绿肥，实行秸秆还田等措施，施肥时应少量多次，以提高土壤的整体性能。

表 7-14 七级地土壤养分分级统计表

项目	有机质		全氮		有效磷		速效钾	
	面积/hm²	占比/%	面积/hm²	占比/%	面积/hm²	占比/%	面积/hm²	占比/%
一级					128.92	8.66		
二级					63.77	4.28	35.66	2.40
三级	340.34	22.87	1080.32	72.58	304.79	20.48	955.57	64.20
四级	1148.07	77.13	408.10	27.42	872.38	58.61	497.19	33.40
五级					118.56	7.97		

第七节 八级耕地分布与特征

一、面积与分布

全县八级地总面积 913.30hm²，占全县耕地总面积的 8.23%。除了红毛镇以外均有分布，其中分布面积最大的是湾岭镇，其次为和平镇，其余详见表 7-15。

表 7-15 八级地在琼中县各乡镇分布情况

乡镇	面积/hm²	占八级地面积/%	占全县耕地总面积/%
湾岭镇	278.86	30.53	2.51
和平镇	158.65	17.37	1.43
黎母山镇	123.15	13.48	1.11
营根镇	105.97	11.60	0.95
吊罗山乡	105.75	11.58	0.95
上安乡	89.33	9.78	0.80
长征镇	37.76	4.13	0.34
什运乡	11.83	1.30	0.11
中平镇	2.00	0.22	0.02
红毛镇	0.00	0.00	0.00
合计	913.30	100.00	8.23

二、主要属性特征

八级地主要分布在丘陵下部以及山地坡中和低山地区。成土母质以花岗岩为主，还有部分砂页岩和紫色岩。排灌条件差，基本以天然河道与田间沟渠排水为主。土壤类型以潴育型水稻土和淹育型水稻土为主，还有部分典型砖红壤和黄色砖红壤等。有效土层厚度在90～100cm，质地以砂壤为主，耕层养分水平一般，有机质含量偏低，75.57%的面积处于四级水平；全氮含量中等，有60.96%的面积处于三级水平；有效磷含量中等，有19.57%的面积处于三级水平，69.43%的面积处于四级水平；速效钾含量稍好，45.94%的面积处于三级水平，52.76%的面积处于四级水平，详见表7-16。

八级地与七级地、六级地相比土壤性状变化不大，主要是农田水利设施建设略差；在利用方式上，以旱作为主为佳，例如玉米、花生等作物。

表7-16 八级地土壤养分分级统计表

项目	有机质		全氮		有效磷		速效钾	
	面积/hm^2	占比/%	面积/hm^2	占比/%	面积/hm^2	占比/%	面积/hm^2	占比/%
一级					11.83	1.30		
二级					3.02	0.33	11.83	1.30
三级	223.11	24.43	556.73	60.96	178.70	19.57	419.56	45.94
四级	690.18	75.57	356.56	39.04	634.09	69.43	481.89	52.76
五级					85.64	9.38		

第八节 九级耕地分布与特征

一、面积与分布

全县九级地总面积1053.24hm^2，占全县耕地总面积的9.49%。全县只有吊罗山乡、湾岭镇、营根镇、黎母山镇、中平镇、和平镇、什运乡和红毛镇7个乡镇有分布，分布面积最大的是黎母山镇，其次为和平镇，其余详见表7-17。

表 7-17 九级地在琼中县各乡镇分布情况

乡镇	面积/hm²	占九级地面积/%	占全县耕地总面积/%
黎母山镇	584.67	55.51	5.27
和平镇	238.46	22.64	2.15
中平镇	131.17	12.45	1.18
湾岭镇	60.01	5.70	0.54
红毛镇	17.06	1.62	0.15
营根镇	16.33	1.55	0.15
吊罗山乡	5.54	0.53	0.05
上安乡	0.00	0.00	0.00
什运乡	0.00	0.00	0.00
长征镇	0.00	0.00	0.00
合计	1053.24	100.00	9.49

二、主要属性特征

九级地主要分布在丘陵下部以及山地坡下等区域。成土母质以花岗岩为主，还有部分砂页岩。排灌条件较差，土壤类型以淹育型水稻土和潴育型水稻土为主。有效土层厚度在90～100cm，质地以砂壤为主，耕层养分水平较低，有机质含量偏低，71.61%的面积处于四级水平；全氮含量中等，有78.51%的面积处于三级水平；有效磷含量偏低，98.26%的面积处于四级水平；速效钾含量偏低，96.73%的面积处于四级水平，详见表7-18。

与八级地一样，九级地在利用方式上应以旱作为主，通过调整种植经济作物，提高土地生产力，同时须注重钾肥、磷肥和有机肥的施用，避免作物缺乏营养元素造成农产品产量和品质下降。

表 7-18 九级地土壤养分分级统计表

项目	有机质		全氮		有效磷		速效钾	
	面积/hm²	占比/%	面积/hm²	占比/%	面积/hm²	占比/%	面积/hm²	占比/%
一级					18.32	1.74		
二级								
三级	299.03	28.39	826.89	78.51			34.45	3.27
四级	754.21	71.61	226.35	21.49	1034.92	98.26	1018.79	96.73
五级								

第九节 十级耕地分布与特征

一、面积与分布

全县十级地总面积1221.23hm²，占全县耕地总面积的11.00%。全县仅吊罗山乡、红毛镇和什运乡没有分布，其他乡镇均有所分布。分布面积最大的是黎母山镇，其次为中平镇，其余详见表7-19。

表7-19 十级地在琼中县各乡镇分布情况

乡镇	面积/hm²	占十级地面积/%	占全县耕地总面积/%
黎母山镇	448.10	36.69	4.04
中平镇	408.44	33.44	3.68
和平镇	346.52	28.37	3.12
上安乡	10.62	0.87	0.10
长征镇	3.77	0.31	0.03
湾岭镇	2.90	0.24	0.03
营根镇	0.88	0.07	0.01
吊罗山乡	0.00	0.00	0.00
红毛镇	0.00	0.00	0.00
什运乡	0.00	0.00	0.00
合计	1221.23	100.00	11.00

二、主要属性特征

十级地主要分布在丘陵下部以及山地坡中地区。成土母质以花岗岩为主，还有部分砂页岩和紫色岩。排灌条件较差。土壤类型以淹育型水稻土为主，其次为黄色砖红壤。有效土层厚度100cm，质地以砂壤为主，耕层养分水平较低，有机质含量偏低，95.10%的面积处于四级水平；全氮含量中等，有87.22%的面积处于三级水平；有效磷含量偏低，94.26%的面积处于四级水平，5.12%的面积处于五级水平；速效钾含量偏低，97.70%的面积处于四级水平，详见表7-20。

十级地与九级地相比土壤养分水平接近,总体来说水平偏下。耕作主要障碍是农田水利设施不配套,在利用方式上,可以调整为旱作为主,种植经济作物为佳,必须注重肥料施用和耕地质量提升。

表 7-20 十级地土壤养分统计表

项目	有机质		全氮		有效磷		速效钾	
	面积/hm²	占比/%	面积/hm²	占比/%	面积/hm²	占比/%	面积/hm²	占比/%
一级								
二级					0.88	0.07		
三级	59.90	4.90	1065.14	87.22	6.67	0.55	28.09	2.30
四级	1161.34	95.10	156.10	12.78	1151.12	94.26	1193.15	97.70
五级					62.56	5.12		

第八章
琼中县耕地土壤主要障碍因素与改良措施

第一节 耕地土壤贫瘠化

土壤贫瘠化是土地退化的重要一类,是土壤环境以及土壤物理、化学和生物学性质变劣的综合表征,主要表现为土壤有机质含量下降、土壤营养元素亏缺和非均衡化、土壤结构破坏、土壤侵蚀、表土层变薄、土壤板结、土壤酸化及碱化和沙化等。这实际上就是土壤本身各种属性或生态环境因子不能相互协调、相互促进的结果。

一、耕地土壤贫瘠化成因

造成耕地土壤贫瘠的因素大体可以分成自然和人为两种,其中人为成因是主要因素,其根本原因就是投入到耕地中的养分物质数量不足以弥补同期由作物收获、水土流失等造成的从耕地中移走的养分物质数量。

1. 自然成因

(1) 养分淋溶流失 琼中县地处热带,气候高温多雨,在高温的条件下,土壤养分周转快,加之全县地处山区,地形坡度较大,过量的雨水在山区地形下,淋溶作用更加强烈,会带走大量如钾、钠、镁、钙等的可溶解盐基,土壤贫瘠。特别是酸雨会加速土壤中钾、钙、镁、铵等营养成分的流失,琼中县是海南的酸雨区之一。

(2) 土壤侵蚀 琼中县地貌呈穹隆山地状,在强降雨及人类活动的影响下,土壤侵蚀与水土流失成为土壤贫瘠化的重要自然原因。

2. 人为成因

琼中县位于海南中部，是一个九分山半分水半分田的典型山区县，人们在坡度较大的耕地上耕作加剧了水土流失，造成土壤养分含量下降，致使耕地土壤贫瘠。同时，琼中县多为一年两熟或三熟，投入的养分大和比例不合理等情况会造成土壤板结、养分失调等。

二、耕地土壤贫瘠化改良措施

土壤贫瘠化是制约农业可持续发展的重要因素，必须多方位整体调整，采取多种措施共同发力才能有效改良。

1. 增加土壤有机质

土壤有机质是土壤循环系统的重要组成部分，具有改善土壤的理化性状，增强土壤的保肥性能和缓冲性能的功能，且能显著促进土壤有机碳、氮素、有效磷以及速效钾等因子的循环，增强土壤的保肥性能和缓冲性能。因此增加土壤有机质是土壤贫瘠化改良的首要任务。

海南因水热条件优异，农作物复种指数高，致使许多土壤有机质含量降低，肥力下降。因此，实行轮作、间作制度，调整种植结构，做到用地与养地相结合，可以有效实现土壤有机质含量的提高，而且还能改善农产品品质，推行少耕免耕、控制水土流失也可降低土壤有机质的降解、促进土壤有机质的提升。施用有机肥、绿肥和秸秆还田技术的应用，在降低化肥施用量的同时，对土壤培肥提升有显著的效果。许多研究指出，绿肥＋秸秆还田＋商品有机肥处理模式对红壤耕地的综合培肥效果最好，其土壤有机质、有效磷、全氮及速效钾含量有显著提升。

2. 改善土壤酸化

土壤 pH 对土壤有机质储存和供应的调节十分关键，主要是通过影响微生物数量及其种群结构来改变土壤有机质的周转和积累。当土壤酸化或碱化时，一般的土壤微生物活性都会受到限制。琼中县耕地土壤偏酸，土壤微生物活性低，外源有机物（秸秆和根茬等）的输入减少，土壤有机质的回流能力弱，造成了土壤有机质入不敷出。因此，要改善此种现状，必须改善全县耕地土壤的酸化情况。

3. 推动养分良性循环

耕地贫瘠化的原因主要是耕地生态系统基本物质输入输出不平衡，输出的营养物质大于输入。所以，要提高肥力，改善土壤瘠薄，必须增加系统物质的输入。特别值得注意的是,海南岛的砖红壤地区,土壤速效钾含量低,且根据前述,全县耕地土壤速效钾含量均处于三级和四级水平,因此琼中县需注重钾元素的补充。水稻秸秆还田和常种养豆科绿肥和水生固氮绿肥是简单易行且非常有效的方法。据相关研究报道,稻草含钾量高,且是以离子态存在,极易被水浸出进入土壤,稻草长期还田,可以有效提高土壤的供钾水平。豆科绿肥和水生固氮绿肥的共生固氮作用不但增加耕地土壤中的氮素,还可以富集土壤和水体的钾元素,从而提高土壤钾素的有效性,增强土壤的供钾能力。此外,施用多年生绿肥能增加耕地土壤中钾素。

4. 土壤侵蚀治理

通过生物措施和工程措施的结合,可以防止坡耕地养分流失,提高坡耕地生产力。在全县境内,针对水土流失严重的坡耕地,应修筑水平梯田,搞好农田基本建设,以减少土壤有机质和矿质元素的流失。

总地来说,对于耕地要实行用养结合,统筹土、肥、水及栽培等要素,在有条件的区域开展粮-绿肥轮作,利用夏、冬闲田发展绿肥生产,开展深松深耕、保护性耕作。同时,做好测土配方施肥,充分利用有机肥资源,施用精制有机肥,改善土壤理化性状;严格落实秸秆禁烧工作,实施秸秆还田等工作。

第二节 耕地土壤酸化

土壤的酸化会导致土壤结构退化,同时加速养分的淋失,使土壤日趋贫瘠,有害重金属活性增强,从而降低土壤酶活性,最后造成农作物减产,品质下降。

一、土壤酸化成因

1. 自然成因

中国土壤酸碱度的地理分布主要与海洋-大陆相的降雨量有十分密切的关系,由此形成了不同地理区域间的巨大差异,通常可以概括为"南酸北碱,沿海偏酸,内陆偏碱"。海南省地处热带,属于热带季风气候北缘,每年的5~10月份是多雨季。琼中县年均降水量为2444mm,年均雨日194天,此外易受台风、热带气旋等影响,暴雨数量多。降水量大且集中,会造成强烈的淋溶作用,使得土壤中的盐基阳离子,如钾、钙、镁等碱性离子大量流失,导致土壤盐基不饱和,引起土壤酸化。

酸沉降的增加也是加剧琼中县土壤酸化的原因。根据《2021年海南省生态环境状况公报》的报道，2021年琼中县境内监测到酸雨降落，全年酸雨频率为18.3%，主要呈现为硫硝混合型酸性降水。酸雨是造成土壤酸化的一个重要原因，当酸雨输入超过土壤缓冲能力时土壤呈现酸化。在酸雨影响下，SO_4^{2-}、NO_4^{3-}、有机阴离子会加速土壤酸化和盐基淋溶损失。

2. 人为成因

工厂排放的尾气和各种机动车排放的尾气是形成酸雨的重要原因，但海南省的酸雨呈现海洋性酸性降水特征，且琼中县工厂数量少，因此机动车尾气排放是土壤酸化的人为原因之一。

此外，不合理的农业管理措施也是加剧耕地土壤酸化的重要人为原因。有研究指出，不合理的种植制度和过量施用化学氮肥，通常会直接加剧土壤酸化；复种指数过高，常年连作，重茬种植，会导致土壤有机质含量下降，缓冲能力降低，产生土壤酸化。琼中县水田的水热条件较好，水田耕作制度大多是双造连作制或冬季瓜菜等-水稻轮作等多熟轮作制，极少休耕。如此，加剧了琼中县耕地土壤的酸化。

二、土壤酸化过程的生态效应

土壤酸化是指土壤吸收性复合体接受了一定数量交换性氢离子或铝离子，使土壤中碱性（盐基）离子淋失的过程。在自然条件下，这是一个持续不断、非常缓慢的过程。近几十年来，在人类活动的影响下，原本缓慢的自然酸化过程不断加快。

当土壤发生酸化时，土壤固相铝会被解吸到土壤溶液或以交换性铝形态吸附于土壤胶体上，使土壤毒性铝活性增加。铝毒是酸性土壤限制植物生长发育的主要因子，会使得作物的生产潜力难以发挥。此外，锰、铬、镉等重金属元素在酸性土壤中的溶解度会升高，活性也会增加，从而影响植物的生长。

研究者的酸性模拟试验也表明土壤酸化还会使得脲酶、磷酸酶、蛋白酶活性均受到抑制，土壤酶活性降低，从而影响微生物群落组成。

三、土壤酸化改良措施

根据前文可知，全县耕地土壤pH平均值为5.30，2159个耕地质量调查点中占比最高的是五级（pH≤4.5），为47.57%，其次是四级（4.5＜pH≤5.0），为

33.21%，这表明琼中县耕地土壤的pH整体酸化较为严重。通过空间插值方法可知，琼中县酸化耕地面积见表8-1。由表可知，水田的酸化面积最大，其次是旱地，水浇地的酸化面积最小。因此，改良酸化土壤，控制土壤酸化过程是提高琼中县土壤生产力的重要任务。

表8-1 耕地利用类型pH面积及占比统计表

耕地利用类型	强酸性 （4.5＜pH＜5用类型）		极酸性 （pH≤4.5用类型）		总计	
	面积/hm²	占比/%	面积/hm²	占比/%	面积/hm²	占比/%
旱地	1386.36	75.73	444.28	24.27	1830.64	20.67
水浇地	11.13	84.77	2.00	15.23	13.13	0.15
水田	6075.21	86.61	938.99	13.39	7014.20	79.19

1. 生石灰改良

施用生石灰改良土壤是一种传统的酸性土壤改良方法，生石灰具有强碱性，能够与土壤中的酸性物质发生中和反应，从而改善土壤的酸碱平衡和土壤的养分供应状况。施用生石灰调酸成本低廉，既能补钙，还能降低土壤中铝、铁、锰离子的活性，使土壤胶体凝聚而呈稳定结构，从而改善土壤的水分和通气状况，改善根系生长环境。值得注意的是，施用石灰时应注意用量，否则会导致土壤板结，同时此法也会使复酸化程度加强。因此，用石灰改良酸性土壤时，不能过于频繁地施用石灰，在施用石灰改良的同时，还应与其他碱性肥料（草木灰、火烧土等）配合使用。

2. 土壤调理剂

近年来，施用土壤调理剂成为治理土壤酸化的一项重要措施。治理土壤酸化的土壤调理剂，其主要成分为碳酸盐和硅酸盐，它含有丰富的Ca、Mg、Si、K、Fe等矿质营养元素。土壤调理剂虽然能够调节土壤酸性，但不会改良土壤通透性，多数为矿渣下脚料，含较多重金属，重金属积累存在一定风险，需要注意。有研究利用贝壳粉对酸性砖红壤进行改良，发现此法既可有效降低土壤中的活性酸和潜性酸含量，又可补充酸性土壤中的钙镁等盐基离子，提高土壤的酸碱缓冲性能。此法安全性高、成本低，海南省贝壳资源丰富，可以参考此法进行试验。

目前，还有许多新型调理剂正在被应用和试验，例如生物炭、微生物调节剂等，但因成本等问题，并没有被广泛接受。

3. 合理的栽培管理措施

不合理的种植制度和过量的化肥施用会加剧土壤的酸化，因此，选择合理的耕作模式和优化肥料施用将有助于土壤酸化的改良。

首先要尽量避免连作，可尝试合理的轮作/套作，例如根据作物需要营养成分不同、营养状态不同、根系深浅不同来进行轮作，如茄果类与叶菜类轮作，蔬菜和玉米/高粱轮作，水旱轮作等。其次是要尽力避免在酸化或潜在酸化的土壤上种植豆科类固氮能力强的农作物，防止土壤酸化加重。最后是要科学用肥，有研究表明，通过测土配方施肥提高肥料利用率，减少化肥施用量，有利于减缓土壤酸化。有研究指出，在南方酸性红壤上，特别是旱地土壤上，有机肥经常表现出较化肥更好的肥效。因有机肥大都 pH 较高，可降低土壤酸度和缓解铝毒害，且有机肥料能使土壤中微生物大量繁殖，促进微生物的生命活动，从而使农作物可以直接利用微生物进行固氮等生理生化反应的代谢产物，缓解土壤的酸化程度。

许多研究指出，土壤有机质含量对提升土壤缓冲性能，减少土壤 pH 值波动具有重要作用。改良酸性土壤不仅需要提高土壤 pH，而且需要提高土壤肥力，二者并重，才能有效改良酸性土壤。因此，需要持续推广测土配方施肥，优化施肥结构，避免使用酸性或生理酸性肥料，有条件的地方可采用水肥一体化技术，降低化肥施用量，结合秸秆还田和冬季绿肥等方法增加土壤有机质。

第三节 耕地土壤潜育化

潜育作用是所有水成土壤共有的成土过程和特性，因环境条件的不同，如渍水程度、渍水类型、母质的性质等，潜育过程会不一致，从而产生不同类型的水成土，例如矿质潜育土、潜育土、假潜育土与滞水潜育土等。水田土壤在排灌不当的情况下，土壤渍水时间过长，常常会出现次生潜育化现象，导致其中以亚铁为主的还原性物质增加，危害作物生长。

一、土壤潜育化的特征

发生土壤潜育化的土体颜色可表现为灰、黑或蓝色。海南省潜育化水稻土的特征之一是有机质和全氮含量丰富，其碳氮比较高，土壤矿化度低，土壤分析结果表明有效态元素钼、硼有较大比例低于临界值，而铁、锰、铜含量较丰富，阳离子交换量和盐基饱和度低，以亚铁为主的还原性物质含量高，有效养分偏少；水土温度低，生物活性较差，有机物质的养分分解缓慢，供肥性能欠佳，加上还原性有害物质的积累，对水稻生长极为不利，常造成水稻"黑根""赤枯"，甚至全株死亡。

二、土壤潜育化的影响因素

潜育化是多种因素长期综合的结果,起主要作用的因素是"水",与土壤本身排水不良、水分过多、耕作利用不当关系同样重要。

1. 水土条件差

琼中县部分耕地地处于洼地、较小的平原和山谷涧地等,因排水不良形成潜育化和次生潜育化。

2. 种植制度

琼中县因光热条件优越,水稻一般为两季或三季,土壤复种指数高,干湿交替时间缩短,犁底层加厚并更紧实,阻碍了透水、透气,故易诱发次生潜育化。

三、土壤潜育化治理措施

潜育性水稻土,是人为主导因素与自然因素综合作用下,恶化农田生态环境的结果。因此,要做到将工程建设与生态建设相结合,蓄水与排渍相结合,切实做好治水改土、增肥改土和轮作改土。

1. 优化灌排体系

水分过多是稻田潜育化、次生潜育化的主要根源所在。通过建设排水沟来降低地下水位,是解决潜育型稻田长期渍水最核心的工程措施。需要因地制宜,做好规划,做好"三沟"(即截流沟、防渍沟和排洪沟)的排水工程,达到截断渗漏水、排除地表水、引走冷泉水、降低地下水的目的。

2. 优化耕作制度与农艺措施

围绕土壤水分,从耕作制度进行调节,有研究指出对潜育化和次生潜育化的水田,在晚稻收割后旱作绿肥,土壤还原物质显著下降。同时,要积极采取深耕晒垡、早稻前绿肥翻压和晚稻后秸秆粉碎还田等措施,可有效改善土壤的物理性质和土壤结构,加速土壤有机质的周转,为作物的生长发育创造良好条件。

第九章
耕地地力调查与质量评价的应用及建议

耕地地力调查与质量评价是继第一次、第二次土壤普查以后，全面掌握耕地资源现状，为因地制宜、合理利用现有耕地资源提供依据的一项重要工作。此次耕地地力质量评价成果的有效、合理利用，对农业结构调整及无公害农产品生产宏观调控，确保全县农业可持续发展，促进农业增效、农民增收均有现实的实践及指导意义。

第一节 种植业结构调整

一、发展农业循环经济

循环经济是以资源的高效利用为目的，以"减量化、再利用、再循环"为原则，以闭路循环使用和物资能量梯次的特征，按照自然生态系统物质循环和能量流动方式运行的经济模式。琼中县耕地类型多样，要提高耕地地力，增产增收，就要合理配置已有的耕地资源，发展多样性种植结构，园、农、林有机结合，发展立体农业循环经济，形成"果树-农作物（经济作物）-农产品（或作物秸秆）-饲料-肥料-果树"的循环经济，既能充分利用土地资源，又能形成良好的资源利用链，减少农业污染。

二、走循环型农业道路

循环型农业是把循环经济理念具体应用到农业系统，在农业生产过程中运用减量化原则、再使用原则和再循环原则，实现投入品-产出品-废弃物的循环综合利用和农村社会生活的节约消费，尽量减少自然资源，尤其是不可再生资源的使用，使农业持续稳定发展，最终实现生态、经济、社会三大效益的统一。循环型农业能从根本上解决人们对物质生活水平中日益提高的需求与人口、资源、环境等方面的矛盾，是农业可持续发展的必由之路。发展循环型农业，实现耕地可持续利用，就是以不破坏耕地资源，不降低环境质量为前提的农业发展，把保护环境和提高耕地资源利用水平与满足人们对农产品需求相结合，达到农业可持续发展的目的。根据我国人多地少的基本国情，需要发展循环型农业，保证使有限的耕地资源达到最合理最有效的利用。

三、种植业存在的问题

1. 种植业效益比较低

农资价格的不断上涨增加了农民生产成本，效益低、成本高等仍然是影响农民种田积极性的主因。

2. 农业生产劳动力不足

由于农业生产效益偏低，部分有技术、有门路的农村青壮年劳动力纷纷外出务工或经商，在家务农的青壮年劳动者越来越少，老、弱、妇成为务农的主力军，农忙时节一些地方甚至出现"务农荒""请人难"的现象，耕地撂荒、丢荒较为严重。农村劳动力的短缺现象，不利于农业生产的发展，也阻碍了农业新技术的推广应用。

3. 农业产业化经营滞后

农业产业化龙头企业规模小、实力弱，缺乏拳头产品和知名品牌，市场竞争能力不强，带动面偏窄，与生产基地的产业关联度不够紧密；农村专业合作经济组织的发展尚处于初始阶段，农民进入市场的组织化程度不高，适应市场竞争的能力较弱，农业产业结构调整的成效不佳，农民增收的长效机制尚未建立。

四、种植业的发展方向和目标

1. 种植业的发展方向

以循环经济理念为指导，调整农业产业结构，优化农业区域布局，打造海南中部农业循环经济示范园区，积极发展生态农业、有机农业、绿色农业，转变农业生产与增长方式。

(1) 积极发展立体种植模式 利用农作物的生态梯度差异性,以及影响农作物生长发育的不同生态条件,充分吸收农业初级能源。通过农林间作、农果间作、农药间作以及不同农作物种间的间作套种,提高土地的使用效率和产出效益。

(2) 提高农作物废弃物的资源化利用程度 减少秸秆焚烧,通过秸秆粉碎还田、青贮饲料、秸秆堆肥等方式,提高农作物秸秆综合利用率;创新观念和手段,积极探索农作物废弃物的资源化利用途径,基本实现农作物种植无废弃物排放。

(3) 建立有机农业开发模式 积极发展无公害、绿色、有机农产品,建立生产基地,有效减少全县化肥、农药等农用物质使用量和使用强度,减少土壤重金属、水体富营养化等污染,实现农产品的绿色无公害化。

(4) 推行清洁生产,适当延长产业链 加快推进农业生产经营及废弃物利用的专业化和规模化,努力促进企业间循环和区域间循环。

2. 种植业的发展目标

要想打好热带特色高效农业牌,需:①持续巩固提升橡胶、槟榔等大宗农作物单产效益。②实施优势特色农业提质增效行动计划,重点打造绿橙、咖啡、大叶茶、蜂蜜、沉香、油茶、花卉、琼中五脚猪等产业集群,全力建设全省最大的油茶基地。③实施特色产业种业提升计划,以"旅游+研学"模式打造兰花产业基地,争创省级兰花种质资源库。④加快品牌强农步伐,培育"琼中好味"县级区域公用农业品牌,拓展农产品销售渠道,新增"两品一标"4个。⑤探索"美丽乡村+共享农庄"等新兴业态模式,支持水央村、什寒村申报创建特色主题共享农庄。⑥继续优化农业产业结构,实现"一镇一业"模式。

(1) 空间布局目标 各乡镇发挥各自资源优势,调整布局结构,形成各具特色的农业功能组团。在此基础上,发挥比较优势,构建以主导产业和主导产品为支撑的农业产业体系;发挥集聚优势,构建以龙头企业和产业园区为依托的农业组织体系;发挥互补优势,强化农业的生态功能,构建以城乡协调为取向的农业生态服务体系。

(2) 产业发展目标 农业产业发展能力和发展效率大大提升,抗风险能力加强。继续加强琼中绿橙标准化示范基地建设,进一步提高琼中绿橙品牌的知名度,将其推向全国甚至世界市场。全面推出琼中灵芝、琼中蜂蜜、琼中鹅、琼中蚕茧、琼中野山鸡、琼中白马峻红等特色品牌,重点发展琼中益智、琼中槟榔等南药品牌。全面提升农业的综合生产能力、自主创新能力、服务带动能力和生态保障能力,提高农业的综合效率,形成组团型、园区型、科技型、品牌型、生态型、服务型的热带特色型农业的发展格局。

（3）农民增收目标　充分挖掘农村土地、劳动力两个潜力，发挥城市和农村两方面优势，壮大农民增收优势产业，创新农民增收推进路径，拓宽农民增收发展空间，优化农民增收政策环境，推动农民增收由依靠传统农业向依靠现代农业转变、由依靠农业为主向依靠二、三产业就业创业为主转变，统筹推进工业化、城镇化和农业现代化，建立促进农民持续增收的长效机制，保证农民全面脱贫。

五、种植业结构调整的原则

琼中县在对种植业结构进行调整时，按照五大不同地貌类型，因地制宜，合理规划。在农业区域布局上，宜农则农、宜果则果、宜林则林。按照耕地地力评价的地力等级标准，及其在各个地貌单元中所代表面积的众数数值衡量，以适宜作物发挥最大生产潜力来布局，将高产高效作物布置在一级至四级耕地。中低产田合理改良，以满足结构调整需求。按照土壤环境质量评价结果，结合面源污染及点源污染，土壤分布及污染程度，确定绿色无公害优质农产品的区域性布局。

1. 效益优先，兼顾环境

遵循市场规律，以市场为导向，以经济效益为中心，科学技术为依托，充分发挥区域优势，发展地区特色优势品种。农业结构调整要有利于生产力的发展，禁止破坏生态环境及造成水土流失，遏制地力下降。做到既能促进农业产业化升级，又能保护自然环境。

2. 因地制宜，合理布局

琼中县可谓是"九山半水半分田"的山区农业县，境内地貌呈穹隆山地状，地势自西南向东北倾斜，最高点为西南部的五指山峰，海拔1867.1m；最低为白马岭林场旧址，海拔仅25m。境内地形复杂，重峦叠嶂，群峰峻峭，连绵不断。海拔千米以上的山峰大部分蜿蜒于南部和西部边界之上。中部多为低山高丘，北部为丘陵、台地，河流阶地穿插于崇山谷地之间，西部的什运河沿岸和东部的长兴河中段为冲积平原。全县以山地与丘陵为主。山地面积230.07万亩，占总面积的57%；丘陵面积98.96万亩，占总面积的24.47%；台地面积51.68万亩，占总面积的12.8%；河流阶地面积22.82万亩，占总面积的5.73%。为了更好地按照自然规律进行农业生产、合理利用土壤资源，以发展粮食作物为主，充分发挥土壤的生产力，需要做到因土耕作、因土种植、因土施肥、因土灌溉，避免生产布局满目性。

六、种植业结构调整的对策及建议

1. 因地制宜布局,兼顾生态环境

根据琼中县的土壤资源,合理利用持续提高土壤肥力,充分发挥地区性土壤资源优势和潜力的原则,把全县耕地土壤划分为三个典型特色农业种植生产片区。

(1) 西南部山地灌丛草甸土　该区包括上安乡、长征镇、什运乡和红毛镇等部分耕地,约有耕地面积10275亩,占全县耕地总面积的7%。本区内植被茂密、草类繁多,成土母质以砂页岩为主,呈现出耕地零散分布的特点,且交通不便、技术落后。改良利用的主要措施是,在此区域内保持现状,最好做到退耕还林还草,进行封山育林,以促进水源涵养和减少土壤侵蚀,保持中部生态核心区的生态优势。

(2) 南部山地丘陵区　该区位于琼中县南部,包括什运乡和红毛镇部分地区。耕地面积约有12360亩,占全县耕地总面积的9.6%。本区大地貌属丘陵区,成土母质为砂页岩和花岗岩,主要耕地分布为旱坡地,主要种植花生、豆类和薯类等。改良利用的主要措施是,改善交通、搞好水利设施建设、提高复种指数、实行轮作制度、增施磷钾肥,协调土壤养分。

(3) 中南部丘陵区,发展粮、果、菜生产片区　该区从南向北贯穿全县中部,包含吊罗山、和平、中平等地,是分布耕地分布面积最大的分区。该区耕地主要特点有:耕层较浅、质地偏砂、降雨量多。根据区内地理位置、地形不同和水热条件的差异应发展粮、果、菜等作物生产。改良利用措施有:改善水利设施,尤其是排灌水利设施,防止山洪水冲坏农田;实行轮作制度、科学合理施肥,协调土壤养分平衡。

2. 推进农业科技创新,重视农业技术推广

要大力扶持农业科技创新、技术推广和培训,利用农业高新技术改造传统农业,建立健全以科技服务和信息服务为重点的农业社会化服务体系。发展良种繁育产业,加快优良品种的引进、改良和推广,实现农业生产良种化。推荐精品农业,推广节水农业,高效利用农业资源。充分利用各类农业生产示范基地,围绕推广高新实用技术,加大农民的培训力度。

3. 加强基础设施建设,提高抵御灾害能力

重点搞好病危水库维修加固除险工程,提高水库安全标准,减轻防洪防汛压力;加强基本农田综合整治,重点突出排涝工程建设,巩固发展防护林带,最大

限度地减少自然灾害的损失。

4. 加强政府引导智能，落实党的相关政策

深化农村各项改革，促进农业增产和农民增收及农村社会稳定，稳定以家庭承包经营为基础，统分结合的双层经营体制，积极探索建立土地流转机制，规范农村集体土地使用权的流转行为，推进土地适度规模经营。推进农业服务组织创新，鼓励和引导发展各类由农民自愿参与、代表农民利益的各类农业协会和农民合作组织，培育有竞争力的农业市场主体。加强农业法制教育，开展农业执法检查，促进规范行业管理，杜绝伪劣农业生产资料进入流通渠道坑害农民，为发展农业生产创造良好的法治环境。

第二节 耕地土壤养分评价与平衡施肥

一、概况

植物必需的营养元素有 17 种，其中碳、氢、氧主要来源于空气和水。主要靠土壤供给的可分为三类：第一类是土壤里相对含量较少，农作物吸收利用较多的氮、磷和钾，叫做大量元素；第二类是土壤里含量相对较多，农作物需要却较少，像钙、镁、硫等，叫做中量元素；第三类是土壤里含量很少，农作物需要的也很少，主要是铜、铁、锌、硼、钼、氯，叫做微量元素。当土壤中某些营养元素供应不足时，就要靠施用含有该营养元素的肥料来补充，缺什么，补什么；缺多少，补多少，使作物既吃得饱，又不浪费。达到土壤供肥和农作物需肥的平衡，这就是平衡施肥。

随着改革开放和农业市场经济的建立，琼中县种植业生产结构和劳动力结构发生了很大的变化，农业生产中的施肥出现了令人担忧的局面：一是农村青壮年劳动力涌入城市从事非农产业，老、弱、妇成了本地农业生产的主力军，为了省工省时，单施化肥而不施用有机肥现象十分普遍；二是劳动者专业素质低，施肥凭经验、凭感觉，为了获取较高的经济效益、价值高的农作物大量施用化肥，造成资源浪费和环境污染，而价值低的作物则疏于管理，不施或少施化肥，极少施用有机肥料；三是化肥投入幅度增加，但肥料利用率低，导致农产品品质下降和生态环境恶化。

为了在有限的耕地资源上生产出更多更好的农产品，人们在施肥实践中，已总结出许多增产增效的方法。琼中县自 20 世纪 80 年代以来，在施肥实践中不断

总结经验，充分利用全国第二次土壤普查成果，针对耕地普遍少磷、缺钾的特点，让农民逐步认识到施足底肥有利于农作物生长，在此基础上大力推广配方施肥技术，经过多年的实践证明，取得了较好的成绩。平衡施肥技术既能提高肥料利用率，获得增产、增收，又能改善农产品品质，提高经济效益和生态效益，深受广大农户欢迎。

自全国第二次土壤普查以来，琼中县耕地土壤养状况和耕地环境质量在此次成果报告中都有详细资料。同时，还调查了一些种晚稻、种瓜菜农户施肥情况及经济效益情况。根据这次调查，掌握了琼中县耕地土壤的养分状况和农民施肥中存在的问题，为推广平衡施肥提供依据。

二、评价方法

耕地土壤养分评价结合耕地资源评价与应用工作同时进行，布点、取样及样品分析项目和方法均依照《测土配方施肥技术规范》（NY/T 2911—2016）进行。根据琼中县的实际情况，调查共取土壤样品2159个。样品布点基本上覆盖了全县耕地土壤类型。耕地质量和土壤养分评价方法依据《耕地质量等级》（GB 33469—2016）进行。

三、分析结果和质量评价

1. 施肥状况调查

根据全县489户农户施肥调查，显示每年施用在水稻上的有机肥料施用量很不平衡，多数地方都不施用有机肥，少部分地方的农民在进行水稻生产时有施用有机肥的习惯，平均施肥460kg/亩，品种主要有猪粪、牛栏粪、土杂肥和草木灰等，无机肥料为每年平均施尿素28.0kg/亩，过磷酸钙35kg/亩，氯化钾12kg/亩，复合肥（$N:P_2O_5:K_2O$ 为 15:15:15）30.0kg/亩，根据化肥氮磷钾含量折算成有效成分，分别为氮17.4kg，五氧化二磷10.1kg，氧化钾11.7kg，比例为1:0.58:0.67。以满足水稻生长的氮、磷、钾比例为1:0.52:1.2的标准来看，氮、磷、钾配比不太平衡，磷偏高钾偏低。

2. 耕地土壤养分状况

土壤养分是土壤肥力的核心部分，全面客观地评价耕地土壤的实际养分水平是科学施肥的依据。此次分析是依据测土配方施肥技术规程要求，对海南省琼中县10个乡镇的2159个土样（不同养分指标的土壤样品分析数量有差异）进行分析化验,基本涵盖了琼中县的各种土壤类型,其分析处理数据能够为农户施肥提供科学依据。主要测定结果统计如表9-1。

表 9-1 琼中县土壤养分状况

指标	分析个数	最小值	最大值	平均值	标准差
有机质/(g/kg)	2159	0.60	97.00	22.66	9.40
有效磷/(mg/kg)	2154	0.10	156.10	7.30	16.97
速效钾/(mg/kg)	2157	12.00	334.00	39.02	33.73
交换性钙/(mg/kg)	434	0.28	11.62	1.23	0.79
交换性镁/(mg/kg)	443	16.30	2055.90	501.58	313.61
水溶性硼/(mg/kg)	444	0.10	403.90	81.78	61.92
有效锌/(mg/kg)	227	0.00	0.76	0.13	0.12
有效硫/(mg/kg)	440	0.02	49.18	4.67	4.27

从表9-1可以看出,不同养分指标分析样点的个数是有差异的,中量元素和微量养分元素的测定样品数量明显要少于有效磷、速效钾等常规的样品数量,主要是受项目经费不足的影响。但总体上样点的代表性能够满足评价的要求,尤其是对于中微量元素样点的选取充分考虑了代表性的原则,一是要实现乡镇的全覆盖;二是要实现土壤类型的全覆盖;三是要实现耕地利用类型的全覆盖。

(1) 有机质和大量元素

① 有机质。土壤有机质是土壤的重要组成部分,它在土壤形成过程中特别是在土壤肥力和植物营养中起着极其重要的作用。土壤有机质含量高低是评价土壤肥力高低的一个重要指标,有机质既是作物所需的各种养分的源泉,又可改善土壤的物理、化学和生物特性,而且对调节土壤中水、肥、气、热状况起重要作用;其腐殖质还参与植物的生理过程和化学过程,能促进作物生长发育,对耕作的土壤来说,培肥的关键就是保持和提高土壤有机质含量,提高土壤肥力,为作物获得高产奠定良好的物质基础,琼中县有机质各等级面积差异较大,详情见表9-2。

表 9-2 耕地土壤有机质等级面积

等级	范围/(g/kg)	面积/hm²	占全县总耕地的比例/%
1	>45	673.47	6.07
2	30~45	997.36	8.99
3	20~30	5053.63	45.53
4	10~20	3943.17	35.53
5	<10	431.85	3.89
合计		11099.47	100.00

琼中县耕地土壤有机质含量范围在0.6~97g/kg之间，平均22.66g/kg；标准差为9.4g/kg。根据《全国九大农区及省级耕地质量监测指标分级标准》来看，琼中全县45.53%的耕地土壤有机质含量处在20~30g/kg之间，但是4级有机质含量的耕地土壤面积占了35.53%，且1级的面积不足10%，总体来讲琼中县耕地土壤有机质含量处在中等偏下的水平，提升土壤有机质含量，仍是今后土壤改良的重点任务。

② 有效磷。磷素是作物重要的养分，它直接参与植物体中氨基酸、蛋白质、脂肪类合成与转化等一系列生理生化反应，也是磷脂类和核蛋白的重要成分。土壤磷素含量高低一定程度反映了土壤中磷素的贮量和供应能力。土壤全磷的多少，取决于成土母质，农耕地土壤全磷多少与施用磷肥有一定关系。因此，土壤有效磷是作为磷素养分供应水平的指标。表9-3是琼中县有效磷含量的基本状况。

表9-3 耕地土壤有效磷等级面积

等级	范围/(mg/kg)	面积/hm^2	占全县总耕地的比例/%
1	>40	278.26	2.51
2	30~40	118.52	1.07
3	20~30	381.32	3.44
4	5~20	3205.14	28.88
5	<5	7116.23	64.11
合计		11099.47	100.00

琼中县耕地土壤有效磷含量范围在0.1~156.1mg/kg之间，平均7.3mg/kg；标准差为16.97mg/kg。根据《全国九大农区及省级耕地质量监测指标分级标准》，5级的分布面积最广，其次是4级，说明琼中县总体上磷素较缺乏，往往导致土壤有效磷含量较高的原因是冬季瓜菜产业的发展，而琼中县冬季瓜菜种植的面积较为有限。

③ 速效钾。钾是重要的植物养分，在植物体内部直接组成有机化合物，以离子状态存在。钾是作物生长发育必需的营养元素，土壤中钾按植物营养有效性可分为无效钾、缓效钾和速效钾。无效钾在短期内不能被作物吸收利用，缓效钾是指存于膨胀性层状硅酸盐矿物层间和颗粒边缘上的一部分钾，速效钾则能被作物直接吸收利用。钾较多存在于植物的茎和叶里，尤其聚集在幼芽、嫩叶、根尖等处，钾对植物的氮素代谢有很好的影响，能促进植物对氮的吸收。此次调查的速效钾含量在12~334mg/kg之间，平均在39.02mg/kg，整体而言钾素较缺乏。详见表9-4。

表 9-4 耕地土壤速效钾等级面积

等级	范围/(mg/kg)	面积/hm²	占全县总耕地的比例/%
1	>150	169.81	1.53
2	100~150	226.41	2.04
3	75~100	411.66	3.71
4	50~75	1358.49	12.24
5	<50	8933.09	80.48
合计		11099.47	100.00

从表 9-4 中可以看出，全县耕层土壤缺钾的等级面积分布很大，面积达 10291.58hm²，占了全县耕地总面积的 92.72%；而 1 级和 2 级面积之和也仅为 496.22hm²，占比为 3.57%；因此表明耕地土壤速效钾含量处于低水平。所以在进行农业生产时应注重钾肥的合理施用。

（2）中量元素

① 交换性钙。钙是植物必需的营养元素。酸性砂质土壤中含钙较少，导致在其土壤上生长的作物容易缺钙。另外由于果树果实、果菜类和包心叶菜类的蒸腾作用弱，导致果树和蔬菜普遍生理缺钙。根系维管束组织可能通过共质体和质外体两种途径进行钙素吸收，而果实则可通过非维管束组织直接吸收钙素。

琼中县耕地土壤耕层交换性钙含量范围在 16.30~2055.90mg/kg 之间，平均 501.58mg/kg，标准差为 313.61mg/kg，变异系数为 0.63。从表 9-5 中可以看出，全县耕层土壤中 3 级含量的交换性钙的等级面积分布最大，而 1 级、2 级面积之和小于 4 级、5 级面积之和，因此，表明琼中县耕地土壤交换性钙含量处在中等略偏下的水平，琼中县耕地土壤交换性钙含量轻微缺乏，可能与土壤的强酸性关系密切，说明改变土壤酸性是琼中县土壤改良的基本措施，采取石灰中和土壤酸度的方式可能会收到很好的效果。

表 9-5 耕地土壤交换性钙等级面积

等级	范围/(mg/kg)	面积/hm²	占全县总耕地的比例/%
1	>1000	818.39	7.37
2	700~1000	1022.99	9.22
3	300~700	6930.78	62.44
4	50~300	2173.86	19.59
5	<50	153.45	1.38
合计		11099.47	100.00

② 交换性镁。镁是植物必需的营养元素，在植物生命活动中扮演着非常重要的角色。合理补充镁肥不仅可以提高作物的产量和品质，还能提高作物的抗逆性和生长环境的质量。

琼中县耕地土壤耕层交换性镁含量范围在 0.10～403.90mg/kg 之间，平均 81.78mg/kg，标准差为 61.92mg/kg，变异系数为 0.75。从表 9-6 中可以看出，全县耕层土壤中 4 级含量的交换性镁的等级面积分布最大，面积达 7063.30hm²，占全县耕地总面积的 63.64%；而 1 级、2 级、3 级面积之和仅为 26.57%，因此，表明琼中县耕地土壤交换性镁含量处在偏下的水平，琼中县耕地土壤交换性镁含量缺乏，可能与土壤 pH 关系密切，土壤 pH 值也是影响土壤中交换性镁含量的关键因素。在酸性条件下，氢离子会取代土壤胶体上的镁离子，导致其流失；而在碱性条件下，镁离子容易与碳酸根结合形成难溶的碳酸镁，降低了土壤中有效镁的含量；此外，不同类型的土壤其阳离子交换能力不同，这影响了土壤保留镁的能力，比如，砂质土壤由于颗粒较大，其阳离子交换能力较弱，容易导致交换性镁流失；而黏土类土壤因为细小的粒径则有较强的阳离子保持能力。

表 9-6　耕地土壤交换性镁等级面积

等级	范围/(mg/kg)	面积/hm²	占全县总耕地的比例/%
1	>300	129.36	1.17
2	200～300	620.95	5.59
3	100～200	2199.20	19.81
4	25～50	7063.30	63.64
5	<25	1086.66	9.79
合计		11099.47	100.00

(3) 微量元素

① 有效硼。硼的营养作用和其他微量元素有所不同，它不是植物体的结构部分，也不参与氧化还原作用，在植物代谢中它最重要的作用是促进碳水化合物的运输，使糖的运转顺利进行。硼能促进植物生殖器官的建成和发育，还可以提高豆科作物根瘤菌固氮的能力，增加固氮量；硼与光合作用、核酸及蛋白的合成也有一定的关系，还能提高作物的抗逆性，调节由多酚氧化酶所活化的氧化系统。

琼中县耕地土壤有效硼含量范围在 0.01～0.76mg/kg 之间，平均为 0.12mg/kg，标准差为 0.10mg/kg，变异系数 0.78。根据《全国九大农区及省级耕地质量监测指标分级标准》，全县耕地土壤中能够达到 1 级、2 级标准的面积为 0，按照低于 0.5mg/kg 为缺硼临界值来看，4 级、5 级的耕地总面积为 10746.30hm^2，占 96.82%，可见琼中县耕地土壤有效硼属极缺乏地区，其余详见表 9-7。因此，在农业生产中，可通过以下几个措施来提高土壤有效硼含量：一是土壤基施和叶面喷施结合使用硼肥；二是增施有机肥料，有机肥料中的营养元素较为齐全，尤其是腐熟厩肥中含硼较多；三是推广应用测土配方施肥技术，先通过 ICP-OES（电感耦合等离子体发射光谱仪）法等现代分析技术来准确测定土壤中的有效硼含量，其次根据测试值，制定以产量和品质为基础的科学施肥策略。

表 9-7 耕地土壤有效硼等级面积

等级	范围/(mg/kg)	面积/hm^2	占全县总耕地的比例/%
1	>2	0.00	0.00
2	1~2	0.00	0.00
3	0.5~1	353.16	3.18
4	0.2~0.5	1765.82	15.91
5	<0.2	8980.48	80.91
合计		11099.47	100.00

② 有效锌。锌在植物体内主要是作为酶的金属活化剂。最早发现的含锌金属酶是碳酸酐酶，这种酶在植物体内分布很广，主要存在于叶绿体中。它催化二氧化碳的水合作用，促进光合作用中二氧化碳的固定，缺锌使碳酸酐酶的活性降低。因此，锌对碳水化合物的形成是很重要的。锌在植物体内还参与生长素（吲哚乙酸）的合成，缺锌时，植物体内的生长素含量有所降低，生长发育出现停滞状态，茎节缩短，植株矮小，叶片扩展伸长受到阻滞，形成小叶，并呈叶簇状。叶脉间出现淡绿色、黄色或白色锈斑，特别在老叶上。在田间，可见植物高低不齐，成熟期推迟，果实发育不良。

琼中县耕地有效锌含量的范围在 0.2~49.2mg/kg 之间，平均为 4.69mg/kg，标准差为 4.26mg/kg，变异数为 0.91。根据《全国九大农区及省级耕地质量监测指标分级标准》，全县耕地土壤中各等级面积均有分布，其中 1 级分布面积最大，其次是 2 级，最小是 5 级，详见表 9-8。总体来说，琼中县耕地土壤有效锌含量丰富，通常不需要额外添加锌肥，因为过量的锌也可能对植物和土壤健康产生负面影响。高锌含量土壤的一些建议：一是定期检测土壤中的锌含量，了解土壤营养状况，以便根据实际情况调整管理策略；二是提高土壤 pH 值（若土壤过酸），增施有机质，如施加腐殖质、堆肥等，有助于降低土壤中有效锌的含量；三是通过土壤管理措施促进锌与其他物质发生化学反应，形成不易被植物吸收的形态，如硫化锌沉淀等。总之，对于土壤有效锌含量丰富的情况，需要采取适当的土壤和植物管理措施，确保维持土壤的健康和作物的正常生长。

表 9-8　耕地土壤有效锌等级面积

等级	范围/(mg/kg)	面积/hm²	占全县总耕地的比例/%
1	>3	6751.75	60.83
2	2~3	2199.43	19.82
3	1~2	1713.51	15.44
4	0.5~1	332.47	3.00
5	<0.5	102.30	0.92
合计		11099.47	100.00

③ 有效硫。几乎所有蛋白质都有含硫氨基酸，因此硫在植物细胞的结构和功能中有着重要作用。硫能促进豆科作物形成根瘤，参与固氮酶的形成；硫元素能提高氨基酸、蛋白质含量，进而提升农产品品质。

琼中县耕地有效硫含量的范围在 1.2~153.8mg/kg 之间，平均为 25.87mg/kg，标准差为 18.98mg/kg，变异数为 0.73。根据《全国九大农区及省级耕地质量监测指标分级标准》，全县耕地土壤中各等级面积均有分布，其中分布面积最大的是 3 级，其次是 5 级耕地，面积最小的是 1 级耕地。总体上看，琼中县耕地土壤有效硫处于中等略偏下的水平，但局部高含量的区域也有分布。在农业生产上建议：一是注重硫肥的合理使用，应根据土壤测试结果和作物需求，合理施用硫肥；二是提高土壤有机物料的添加，有机物料如堆肥和绿肥通常含有一定量的硫，这些物料的添加不仅可以改善土壤结构，增加土壤有机质，还能补充土壤中的硫；三是定期检测土壤硫含量，特别是在长期种植对硫需求高的作物后，及时调整硫肥施用量。通过上述措施，可以在土壤有效硫含量不丰富的区域合理管理硫的供应，保障作物的健康生长和农业的可持续生产。

表 9-9　耕地土壤有效硫等级面积

等级	范围/(mg/kg)	面积/hm²	占全县总耕地的比例/%
1	>50	1060.00	9.55
2	30~50	1840.29	16.58
3	16~30	4657.34	41.96
4	10~16	1617.19	14.57
5	<10	1924.65	17.34
合计		11099.47	100

四、目前施肥中存在的主要问题

目前施肥中存在的问题，主要表现在以下几个方面：

1. 有机肥施用量不足

有机肥施用量远远达不到维持土壤地力的要求。在调查的农户中，农户都施用有机肥，但有机肥施用量不足，土壤有机质分解快，且耕地复种指数高，因此土壤有机质的补充不能掉以轻心。

2. 氮、磷、钾配比不平衡

在种粮方面，偏施氮素化肥，磷、钾肥施用不足。在种植瓜菜方面，过分依赖三元复合肥，使某些养分过量引发新的养分不平衡。

3. 化肥施用方法不当

主要表现在有机肥腐烂不彻底就施用，经常发生烧苗现象。图省工，大部分人直接撒施在地表上后不盖土，降低了肥料利用率。

4. 中微量元素肥不施或少施

琼中县土壤酸性较强，质地偏砂，有效镁比较缺乏；微量元素硼普遍缺乏，锰、锌、钼属于中等水平。据权威研究资料介绍，十字花科农作物对硼比较敏感，豆科作物如花生、大豆（毛豆）对钼比较敏感，适合的施用剂量效果非常显著，但人们对这些微量元素很少施用。

五、对策建议

1. 增施有机肥，培肥地力，促进农产品优质高产

琼中县有机肥源丰富，要因地制宜，多形式、多途径增加有机肥料的投入。在当前种植业结构调整和无公害农业生产中，有机肥的大量施用是重要的一环。从实际出发，在农村应大力推广沼气建设，做好人、畜、禽粪便的嫌气发酵利用。在平原地区坚持稻秆还田、塘泥上田。此外应充分利用冬闲发展兼种豆科作物，充分利用豆科植物根系的根瘤菌的固氮作用，广辟土壤氮素的氮源。

2. 中量微量元素的平衡施用

琼中县水热资源丰富，耕地复种指数高，土壤淋溶作用强烈，大量元素的施用和作物产量的提高，必然引起土壤中微量元素的耗竭，其结果是导致作物产品质量下降和影响作物产量的进一步提高，因此在平衡施肥中必须考虑中微量元素

肥料的补充作用。从该区地力调查的情况看,硼是该地区最缺乏的元素。在需硼较高的农作物结果时期,应注重硼肥的施用。

3. 加强肥料质量监测,确保农民用上合格肥料

建议农业部门加强肥料的监测工作,杜绝不合格的复合肥、复混肥进入市场,做好各种肥料的检验登记工作,凡未办理登记的肥料一律不得进入市场,不得销售和推广。

第三节 耕地资源利用的对策与建议

土地是人类赖以生存和发展的最基本的物质基础,是作物生产的前提。耕地是土地的精华,是人们获取粮食与其他农产品不可替代的生产资料。琼中县土地总面积为 $2765.5km^2$,土地资源不能满足琼中县发展现代化农业的需要。因此,在土地资源匮乏情况下,保护好耕地,提高耕地质量,提高土地的利用率,增加作物产量和提高作物质量来增加农民的收入显得极其重要。在耕地保护中,不仅要注重耕地的数量,还要注重耕地的质量及其基础生产能力。土地调查是为探索农业中土地存在问题,寻找农业科学发展的出路,以便科学合理地利用土地资源,满足琼中县农业对土地资源的需求。

一、耕地资源利用现状

1. 耕地资源利用状况

目前,根据海南省第三次国土调查统一时点数据库(2019 年)显示,琼中县耕地总面积为 $11099.48hm^2$,其中水田面积最大,其次是旱地,面积最小的是水浇地。琼中县耕地土壤土类主要是水稻土和赤红壤,二者占比之和接近 97%。其余砖红壤、黄壤、紫色土等占比仅 3%,各地类面积及占比见图 9-1。

2. 耕地资源利用方式

琼中县耕地利用特点主要表现为,以粮食作物为主,其他经济作物为辅,发展热带特色作物种植等多种经营。

随着改革开放不断深入,农村经营体制、耕作制度、种植结构、种植规模都发生了根本性的变化。琼中县改变了过去的种植耕作方式,大力发展反季节瓜菜生产、热带水果、热带经济作物,同时注重发展热带观光农业,复种指数明显提高,农民收入大幅增长,生活明显改善。各土类利用方式简述如下:

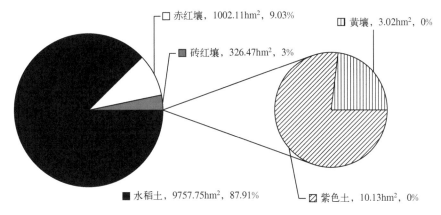

图 9-1　耕地土壤类型分布面积占比图

（1）水稻土　全县水稻土面积 8.05 万亩，实际现有水旱田面积 68.96 万亩。目前主要种植水稻、瓜菜、花生、果蔗、番薯、玉米等短期经济作物。

（2）黄壤土类　由于海拔较高，目前主要列入封山护林地带，不能开发种植，连片的草坡可以放牧。

（3）赤红壤土类　面积较大，由于土壤含水量高，气温较低，湿度大，有机质含量高，各种养分含量较高，植物生长量大，目前主要是造林，部分种植橡胶、茶叶、菠萝及放牧。

（4）砖红壤土类　面积最大，由于土层较厚，有机质含量丰富，各种养分含量也较高，宜种性较广，是琼中县生产潜力最大的土类。目前主要种植速生林及橡胶、水果、茶叶、菠萝、木薯等。

（5）红色石灰土土类　面积较少，主要分布在什运乡西部。表层质地为砂壤土，较均匀，土层呈棕红色，由于淋溶作用，土壤呈碱性反应，养分均中等。目前主要是造林，地势低的种植玉米、番薯、豆类。

（6）紫色土土类　表层质地较轻，多属砂壤至轻壤土，酸性反应，结构疏松、易受侵蚀、蒸发快、易受旱、吸热性强、爽水、土层呈紫棕色，常有母岩碎片，有机质及氮含量低，磷钾含量较丰富。主要分布在原松涛乡及中平。目前主要用于造林及低丘缓坡处种植花生、玉米、番薯。

3. 农牧渔生产情况

2021 年全年全县农林牧渔业总产值 42.97 亿元，比上年增长 3.4%。从内部行业看，种植业产值 23.61 亿元，增长 6.7%。粮食作物收获面积 6.81 万亩，增长 2.8%；产量 2.56 万吨，增长 2.4%。蔬菜（含菜用瓜）收获面积 5.75 万亩，增长0.2%;产量3.32万吨,增长0.6%。水果收获面积3.17万亩,增长16.6%;产量3.56万吨,增长12.8%。槟榔种植面积32.24万亩,增长54.2%;收获面积13.54万亩,增长3.0%;产量2.34万吨,下降5.7%。林业产值8.36亿元,下降2.2%。橡胶收获面积54.51万亩,增长0.4%;产量2.72万吨,下降2.4%。木材采运27.61万立方米,同比下降3.3%。畜牧业产值8.09亿元,增长2.2%。猪肉量1.2万吨,增长5.8%。禽类肉量0.22万吨,下降26.3%。渔业产值1.74亿元,增长7.6%。水产品总产量1.4万吨,增长16.5%。农林牧渔专业及辅助性活动产值1.17亿元,增长12.1%。

二、耕地改良利用中存在的问题

1. 低产田面积过大,土壤耕层浅

调查发现,全县低产田面积约有45885亩。耕层厚度不足18cm的水稻田约有68355亩。耕层太浅,土壤的载体容积就小,蓄肥蓄水少,土壤供肥能力就降低,不能调节肥力因素以满足作物的生长,常出现脱肥缺肥的现象。

2. 土壤酸度强

全县土壤pH普遍低于4.2,强酸性土壤可使土壤微生物种群变化,细菌个体生长变小,生长繁殖速度降低,如分解有机质及其蛋白质的主要微生物类群芽孢杆菌、极毛杆菌和有关真菌数量降低,影响营养元素的良性循环,造成农业减产。特别是强酸性土壤可降低土壤中氨化细菌和固氮细菌的数量,使土壤微生物的氨化作用和硝化作用能力下降,同时,酸性土壤滋生真菌,使作物根际病害增加,且控制困难,尤其是十字花科的根肿病和茄果类蔬菜的青枯病等病害增多;酸化破坏土壤结构,土壤板结,物理性状差,抗逆能力下降,蔬菜抵御旱、涝自然灾害的能力减弱。强酸性土壤加速土壤矿物质营养元素的流失;改变土壤结构,导致土壤贫瘠,影响植物正常发育。

3. 水土流失严重,土壤质地不合理

全县的坡地存在较严重的水土流失问题,雨水把旱地的表层土壤都冲走了,导致土层逐渐更薄。土壤质地不合理,越变越砂,导致土壤的缓冲性能降低,供肥快而不稳。然而偏黏则造成土壤的通气性不良,土壤的水、肥、气、热等肥力因素不协调,难于调节,造成作物出现生理上的"赤枯病"等。良好的土壤质地是耕地地力水平高低的重要影响因素。

三、耕地改良利用建议

一切高产优质的品种及其栽培模式，都必须建立在肥沃的土壤和合理的施肥基础上。应科学开发利用土地资源和培肥地力，合理调整农业结构，从而促进农业增效、农民增收，实现反季节瓜菜和热带高效特色农业可持续发展的要求，推进农业产业化升级，适应新形势下无公害农业发展的需要。根据各类土壤的特点及目前利用现状，利用建议如下：

1. 转变观念提升认识

随着农业产业不断升级，以及建设国家旅游岛对土地需求逐年攀升，琼中县土地资源不足，制约着农业持续快速发展。政府应把抓土肥工作的重心从保护耕地数量向提高耕地质量方面倾斜，改造中低产田，采取有效措施，提高耕地质量，提升农作物单产，改善品质，促进农业总产值不断增加。

2. 大量推广有机肥，合理施用化肥

长期以来，耕地处于超负荷的生产和入不敷出的状态，农作物不断从土壤中带走钾、磷，造成土壤中的钾、磷缺乏，氮、磷、钾养分失调，影响土壤肥力水平，破坏土壤的结构。因此，必须引导农民科学施肥，合理配置肥料资源，实现因土、因作物配方施肥，提高肥料的利用率。有机肥施入土壤后，可源源不断地释放作物生长必需的各种养分，同时释放出大量的二氧化碳供作物光合作用，提高作物生产量。长期施用有机肥可为土壤微生物的活动创造良好的生活环境，从而增加土壤微生物的数量，以提高土壤微生物的活动对有机质的分解和转化的能力并改善农作物的根际营养状况。土壤有机质是否平衡，取决于两个因素，一是土壤矿质化；二是有机质的腐殖化。一般来说，一种土壤的腐殖化、矿质化过程是相对稳定的，所以要维持土壤有机质的平衡，必须维持有机质的施用量。

3. 发展有机肥源，增加土壤有机质

（1）充分利用丰富的野生绿肥资源　琼中县雨量充沛，温度高，非常适合野生绿肥生长。如果能将野生绿肥作为有机肥使用，不但可以补充土壤有机质，还可以改善土壤结构，防止水土流失。

（2）大力推广秸秆还田技术，增加有机质肥源　据估计，琼中县每季约收获稻草0.25万吨，能提供大量的有机肥料，有效地增加土壤有机质。近年来，在政府支持下，积极推广秸秆还田技术，应用"腐秆灵"熟化秸秆，缩短腐化时间，不耽误农活。为了改变农民把稻草当柴火烧的旧观念，以增加稻草回田的数量，应以沼气池项目为契机，发动群众积极建造沼气池，解决农村能源短缺问题。

(3)加强管理和科学使用人畜粪尿，提高肥效　粪尿可以直接堆沤或回收到沼气池进行发酵，这样既可防止肥效的损失，而且能供给耕地能源，又能净化生活环境，还能提供有机肥源，沤熟的粪尿也是很好的有机肥。

4. 推广测土配方施肥新技术

长期以来，农民施用肥料习惯于重施化肥轻施有机肥，重施氮肥轻施磷钾肥；习惯根据农作物长势来施肥，不是根据土壤的养分情况及农作物不同生长期所需的养分来施肥。施肥带有很大随意性和盲目性，不仅肥料利用率不高，而且也破坏土壤原有的结构，造成地力下降。因此，推广测土配方施肥技术利在千秋。根据琼中县耕地土壤养分状况和施肥存在的问题，在平衡施用氮、磷、钾肥的基础上，尽量做到缺什么补什么，不浪费肥料，避免造成农业面源污染。

5. 改变耕作制度，调整作物布局

① 实行水旱轮作，调节土壤水气性状，促进土壤养分良性转化，有利于作物吸收养分，有利于土壤有益微生物的生长。

② 调整作物布局，因地制宜，实现因土种植，因土管理，做到宜粮则粮、宜果则果、宜菜则菜、宜牧则牧、宜渔则渔，全面发展农业经济。

参考文献

[1] 海南省农业厅土肥站.海南土种志.海口：海南出版社，1994.
[2] 苏英博.中国黎族大辞典.广州：中山大学出版社，1994.
[3] 龚子同，张甘霖，漆智平.海南岛土系概论.北京：科学出版社，2004.
[4] 漆智平.热带土壤学.北京：中国农业大学出版社，2007.
[5] 农业农村部耕地质量检查保护中心.华南区耕地.北京：中国农业出版社，2020.
[6] 中共琼中黎族苗族自治县委党史县志办公室.琼中年鉴（2022）.海口：南海出版社，2022.
[7] 《海南农业年鉴》编辑委员会，海南年鉴（2022）.海口：南海出版社，2022.
[8] 海南省土壤肥料总站.海南耕地.北京：中国农业出版社，2022.

琼中县耕评成果图

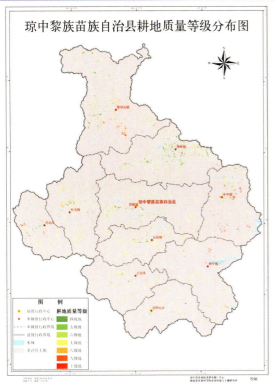

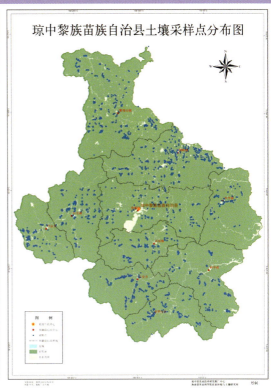

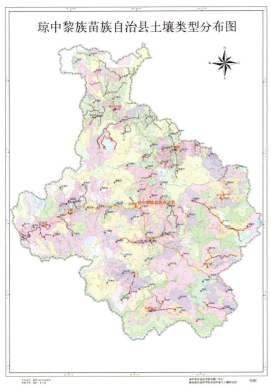

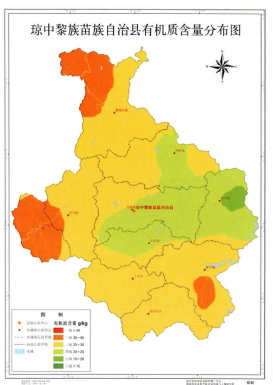

琼中黎族苗族自治县有机质含量分布图

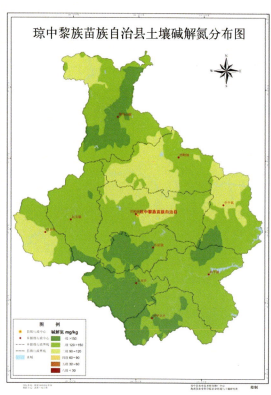

琼中黎族苗族自治县土壤碱解氮分布图

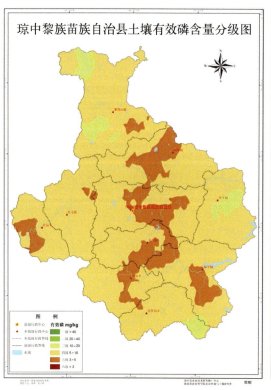

琼中黎族苗族自治县土壤有效磷含量分级图

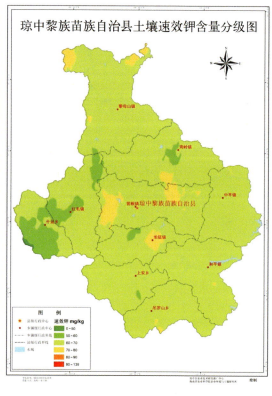

琼中黎族苗族自治县土壤速效钾含量分级图

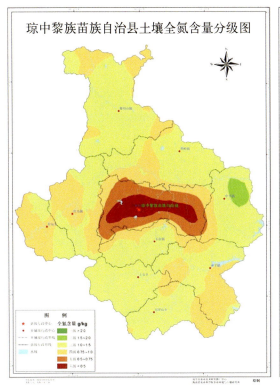

琼中黎族苗族自治县土壤全氮含量分级图

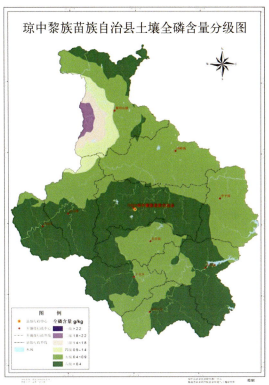

琼中黎族苗族自治县土壤全磷含量分级图

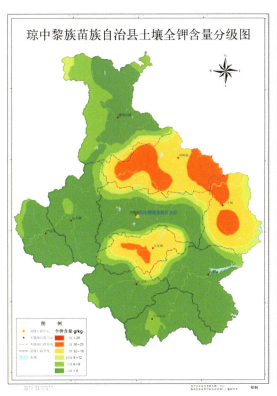

琼中黎族苗族自治县土壤全钾含量分级图

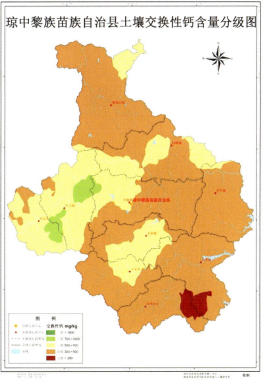

琼中黎族苗族自治县土壤交换性钙含量分级图

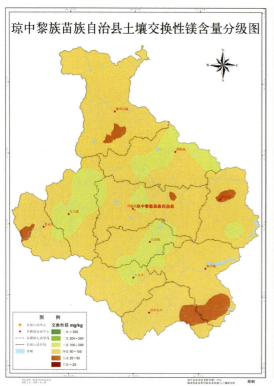

琼中黎族苗族自治县土壤交换性镁含量分级图

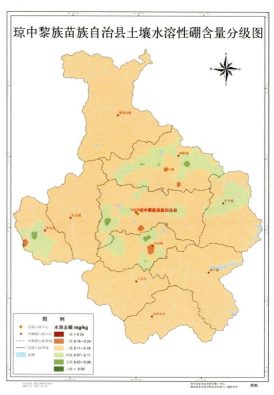

琼中黎族苗族自治县土壤水溶性硼含量分级图

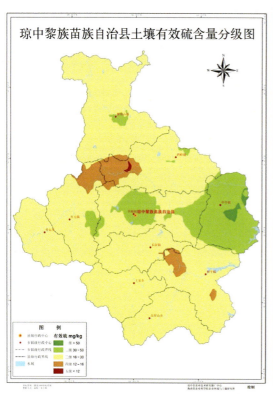

琼中黎族苗族自治县土壤有效硫含量分级图

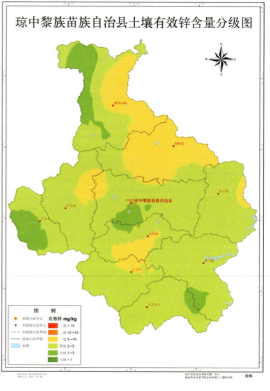

琼中黎族苗族自治县土壤有效锌含量分级图